Chiapas

los desafíos de la paz

Chiapas

los desafíos de la paz

Cynthia Arnson
Raúl Benítez Manaut
Coordinadores

MÉXICO   2000

Primera edición, febrero del año 2000

© 2000
    INSTITUTO TECNOLÓGICO AUTÓNOMO DE MÉXICO
    WOODROW WILSON INTERNATIONAL CENTER FOR SCHOLARS
    Latin American Program

© 2000
    Por características tipográficas y de edición
    MIGUEL ÁNGEL PORRÚA, librero-editor

Derechos reservados conforme a la ley
ISBN 968-842-989-9

IMPRESO EN MÉXICO PRINTED IN MEXICO

Amargura 4, San Ángel, Álvaro Obregón, 01000 México, D.F

Presentación

Presentación

EL *PRESENTE LIBRO* Chiapas: los desafíos de la paz, *forma parte del proyecto de investigación "Procesos de paz comparados en América Latina", que se desarrolla en el Programa de América Latina del Woodrow Wilson International Center for Scholars. El contenido es producto del seminario Procesos de Paz y Negociación en América Latina: el Caso de Chiapas, organizado en conjunto entre el Programa de América Latina y el Instituto Tecnológico Autónomo de México, celebrado el 11 de enero de 1999, en la ciudad de México.*

En el seminario se discutieron los aspectos más relevantes de la crisis de Chiapas con académicos, periodistas y personalidades directamente involucradas o cercanas a los actores principales del conflicto. Asistieron tres de los cinco comisionados de paz que ha tenido el gobierno mexicano entre 1994 y 1999. También participaron indígenas destacados de Oaxaca y Guatemala. No fue fácil reunir en un mismo foro a actores de un conflicto como el de Chiapas que en la arena política están notablemente polarizados. Igualmente, la asistencia de miembros del clero, las fuerzas armadas, académicos colombianos, guatemaltecos y estadounidenses, y miembros de varias organizaciones no gubernamentales, permitió contar con un espectro completo de opiniones que ofrecen herramientas muy útiles para el análisis.

Los ensayos compilados en el libro no están redactados con una metodología académica. Forman parte de las presentaciones de los expositores, revisadas posteriormente para su edición. Las presentaciones y los debates suscitados entre los panelistas y el público asistente pusieron en evidencia notables desacuerdos en la interpretación del conflicto y en el análisis de los diálogos y la negociación entre el EZLN y el gobierno mexicano. Igualmente, un debate muy acalorado se dio en la forma como interpretar la mediación de la CONAI y la COCOPA. Mostrar la riqueza de ese debate, las convergencias y los desacuerdos, fue uno de los elementos que motivaron editar este libro por parte del Programa de América Latina del Wilson Center y el Departamento de Estudios Internacionales del ITAM.

Expresamos nuestra gratitud al doctor Arturo Fernández, rector del Instituto Tecnológico Autónomo de México, a Joseph Tulchin, director del Programa de América Latina del Wilson Center, a Luis Hernández Navarro, coordinador editorial del diario La Jornada y a Rafael Fernández de Castro y Jesús Velasco, del Departamento de Estudios Internacionales del ITAM. Todos ellos apoyaron con mucho entusiasmo el evento. Igual-

mente, los estudiantes del ITAM, *Hazel Blackmore, Georgina de Heredia y Roberto Salas, así como Juana Gómez, colaboraron en todos los aspectos logísticos, lo cual fue de gran ayuda para el éxito del seminario y hacer posible esta publicación. También damos un agradecimiento especial a la Fundación Ford-Nueva York por su generoso apoyo financiero.*

LOS COORDINADORES

[Washington, D.C., México, D.F., enero de 2000]

Introducción

Los debates sobre el conflicto en Chiapas y los retos de la negociación de paz

Raúl Benítez Manaut

¿Por qué Chiapas está en crisis?

UNA DE las dimensiones del conflicto de Chiapas es la pugna existente sobre su definición. Entre los paradigmas que se desprenden del análisis de la crisis de Chiapas está el hecho de que ante una declaración de guerra emitida por el Ejército Zapatista de Liberación Nacional (EZLN) el 1o. de enero de 1994, la respuesta militar inicial del gobierno, y su transformación a un conflicto mediante el cese de fuego ofrecido por el gobierno y aceptado por el EZLN el 12 de enero de 1994, deriva a que en la actualidad las partes en conflicto se enfrascan en la discusión acerca de si hay o no una guerra.

Para el EZLN y un amplio espectro de analistas, en Chiapas hay una guerra, aunque no se den enfrentamientos militares directos entre los dos ejércitos existentes. Para el gobierno mexicano, aunque no se ha firmado la paz definitiva, y por ende no se ha podido dar el desarme del EZLN, el hecho de que desde hace más de cinco años no hay combates, la situación se ha modificado de guerra a conflicto, y la solución sólo está ubicada en el carril de la política. Sin embargo, la gran paradoja de esta "guerra" o "conflicto", haciendo la comparación con situaciones similares en otros países, es que hubo una de las guerras más cortas en tiempo (12 días) con una de las negociaciones de paz más prolongadas: más de cinco años.

El estallido de la crisis de Chiapas en enero de 1994 se puede leer desde dos ópticas: la del historiador, que señala que el alzamiento marca el momento cuando la acumulación de conflictos se articula, se produce una insurrección encabezada por un grupo armado y se da la ruptura del viejo orden, plasmado por la llegada al límite de la dominación económica y política ejercida por una clase terrateniente que empleó métodos feudales y que se amparó en las estructuras del sistema político mexicano. O la del político, para el cual el conflicto apareció en 1994 y sólo una de sus variables es la militar.

Lo que sí se puede afirmar es que el estallido de la crisis también intenta responder a la pregunta: ¿porqué Chiapas está en crisis? Coinciden en el tiempo una crisis "civilizatoria" (entre una costumbre indígena, un sincretismo religioso y formas "modernas"); un orden republicano que busca desde el siglo XIX homogeneizar y liberalizar estructuras de la Colonia –o por lo menos lo intenta–; un orden socioeconómico que se vuelve inviable, y las expresiones más atrasadas, con todo lo que eso implica, del sistema político mexicano. Las respuestas, y por ende el debate conceptual sobre ellas, llevan a considerar desde elementos geopolíticos y tecnológicos nuevos –como por ejemplo, el recurso de las nuevas tecnologías de la comunicación como la del internet, empleadas por el EZLN para lograr el respaldo nacional e internacional a su causa– hasta el debate que vincula la teoría de la estrategia con la de las civilizaciones, donde se puede deducir que el EZLN logró la síntesis de estrategias propias de una civilización agraria (la protesta indígena) con estrategias del siglo XXI (el "arma" del internet y los medios masivos de comunicación), mientras que el gobierno mexicano se ha limitado a tratar de buscar resolver la crisis con los estrechos recursos de un Estado-nación que vive una transición política, por lo que está imposibilitado para solucionar el conflicto por la vía militar.

Esto explicaría la contradicción evidente en las soluciones que intenta aplicar el Estado mexicano: ni la militar, por el rechazo generalizado que conlleva, entre otras razones por la activa sociedad civil pacifista y un contexto internacional favorable a solucionar este tipo de conflicto mediante la negociación, ni la política, pues no se atreve a cuestionar al viejo orden y sus representantes: los terratenientes y la clase política chiapaneca. Otro factor que explica ésta casi insoluble posición del gobierno mexicano es la irradiación de la solución política a otras partes del país, sobre todo si implica exportar la solución a otros estados con problemáticas similares a las de Chiapas que pueden explotar. Por ello, parte de la crisis se explica por la ambigüedad y contradicción inmanente al Estado mexicano: representa la modernidad, pero también lo más arcaico. Impone el orden neoliberal, pero en estados como Chiapas se sostiene en los sectores agrarios más tradicionales.

La cuestión indígena

Un país vecino a Chiapas, Guatemala, está viviendo uno de los momentos más significativos de su historia, debido a que la firma del acta de paz de diciembre de 1996 reactivó el debate acerca de incorporar a los pueblos y etnias al proceso nacional, respetando sus costumbres y tradiciones culturales, económicas, educativas y políticas, tratando que estas reformas no conduzcan a una división de la nación. A pesar de que ese proceso ha tenido reveses, como la negativa a aceptar plenamente esos derechos a nivel constitucional, sigue adelante la consolidación del proceso de paz a la par de buscar fórmulas de solución a la problemática indígena.

El problema indígena, influido por nuevas tendencias globales como las plasmadas en el Convenio 169 de la Organización Internacional del Trabajo –reconocido por México–, abre mecanismos de solución a graves problemas que enfrentan las 56 etnias y pueblos indígenas existentes en México. Este Convenio se articula a lo que es el logro más importante del proceso de negociación entre el gobierno mexicano y el EZLN: los Acuerdos de San Andrés Larráinzar, firmados el 16 de febrero de 1996. El debate sobre los derechos de los pueblos indígenas mexicanos, sobre si son "pueblos" o sólo "comunidades", se transforma en una discusión política con implicaciones de primer orden.

El EZLN, apoyado por numerosos representantes de grupos étnicos de todo el país, defiende la inclusión del concepto "pueblo", mientras que el gobierno busca transformar lo firmado y restringirlo a "comunidades indígenas". Por supuesto, no es sólo un problema semántico, es político, socioeconómico e incluso cultural. Además, las consideraciones sobre "autonomía" se transforman en lecturas tradicionales o modernas de la Constitución de 1917: ¿puede o no puede haber legislaciones de "excepción" para los indígenas?, ¿es el principio de la "balcanización", o es la solución a un problema real? También el conflicto en Chiapas representa un cuestionamiento a las reformas "neoliberales" de 1992 al artículo 27 de la Constitución, y el rechazo a esta reforma supone la defensa del artículo 27 en su redacción original, donde el reconocimiento de derechos comunales o ejidales es la base de la sobrevivencia de sectores de campesinos e indígenas ante la penetración del gran capital. Por ende, esto significaría una negación a la expansión de la propiedad privada en el ámbito rural. Es obvio, por otra parte, que la vigencia del "estado de derecho" es una ficción en Chiapas, que en muchas ocasiones no han sido beneficiados del sistema legal mexicano los campesinos e indígenas y que exigirles su respeto es algo fuera de la lógica cotidiana. Por ello el Estado tiene un reto impostergable: construir instituciones que puedan hacer vigente el imperio de la ley, principalmente en el campo. Mientras ello no se dé persistirá el imperio de la violencia.

La sociedad civil

Si algo sorprendió al mundo fue la reacción casi inmediata de la sociedad civil mexicana ante la aparición de la guerra en Chiapas. La gran manifestación del 12 de enero de 1994 en las calles de la ciudad de México selló un rechazo a la violencia como medio para dirimir los conflictos. En un primer momento se entendió como un acontecimiento nuevo, se pensó que el gobierno y ejército se veían acorralados, pero también una lectura más detenida de ello condiciona al EZLN. La sociedad mexicana y sus núcleos organizados rechazan la violencia, venga de donde provenga. Esa constante se vio después, tanto en la lucha política en 1994 por la Presidencia de la República, donde el principal *slogan* de campaña del candidato del PRI a la presidencia fue el "voto por la paz", hasta las expresiones de apoyo al EZLN, tanto en la convocatoria a la Convención Nacional Democrática en agosto de 1994, conocida como la "Convención de Aguascalientes", como en los dos referéndum realizados para buscar el respaldo de la sociedad civil: el del 27 de agosto de 1995 y el del 21 de marzo de 1999. En el mismo sentido se realizó el "Encuentro continental americano por la humanidad y contra el neoliberalismo", del 3 al 8 de abril de 1996, también conocido como Encuentro Intergaláctico, la convocatoria se extendió a la red de simpatizantes que el EZLN tiene alrededor del mundo.

Ambas partes están acorraladas si se sienten tentadas a recurrir a las armas, el freno es la sociedad civil y la resistencia en el mundo. A cinco años de que el proceso negociador parece no tener salida, la última convocatoria del EZLN a una consulta se puede interpretar como una expresión activa de la sociedad civil a favor del diálogo y la negociación. Realizada el 21 de marzo de 1999, ambas partes lograron recuperar espacios: el EZLN demuestra que no está muerto y que sigue teniendo capacidad de convocatoria y organización, pues logró movilizar 5,000 zapatistas por todo el país, y pudo convocar a una amplia red de ciudadanos para que lo apoyara logísticamente para realizar la consulta. El gobierno puede sostener a su favor que no obstante que el EZLN es un grupo alzado en armas y sus militantes estén encapuchados haciendo proselitismo por todo el país, pudieron circular sin obstáculos. O sea, ambos lograron avanzar en sus posiciones, precisamente porque el conflicto se está dirimiendo en la arena política.

México y los procesos de paz

Hasta 1993 en México se vivía el espejismo de la modernidad. El país se alejaba de América Latina y sus problemas y se acercaba al norte. La firma del Tratado de Libre Comercio con Estados Unidos y Canadá ocultó la realidad social de México. No había pobres, ni campesinos y mucho menos, indígenas. Los problemas políticos de América Latina, principalmente los de los países al sur de México, se veían muy lejanos. Las instituciones del régimen de la Revolución mexicana evitaron que hubiera guerrillas con probabilidades de éxito en la época de la guerra fría. Sin embargo, a la par de la entrada en vigor del TLC fue público que en el país había guerrillas, campesinos e indígenas, y que éstos podían emplear las armas para poner en jaque al Estado. México volvía a ser parte de América Latina.

El ejemplo de lo que a la fecha ha sido el proceso de paz más exitoso de Centroamérica, el de El Salvador, donde se implementó una fórmula de paz con una activa participación de la comunidad internacional encabezada por la ONU, el gobierno mexicano participó de forma activa. Este caso es una muestra de cómo se puede aceptar la ayuda internacional, resolver graves conflictos y guerras civiles, y buscar mecanismos para la reconstrucción del Estado y la nación. En Nicaragua, aunque la dimensión del proceso de pacificación no tuvo la profundidad del salvadoreño, pues fue un proceso sólo de desarme, es también un caso a tener presente, igual que el caso colombiano, que presenta un nivel de conflictividad muy elevado y trabas aún no resueltas. Necesariamente, se quiera o no, los ejemplos de Guatemala, El Salvador, Nicaragua y Colombia son casos que hay que tener presente, pues entre los factores que influyeron notablemente está la activa participación de la sociedad civil. Además, son referentes para tener en cuenta cuando se plantean soluciones al conflicto en Chiapas, teniendo en cuenta las particularidades de México.

El Estado mexicano asumió, como lección aprendida de Centroamérica, que hacer una guerra de contrainsurgencia desgarraría a las instituciones, a la población afectada y al conjunto del país, por lo cual, como única opción, era mejor buscar una salida negociada al desafío planteado por el EZLN. Este impulso reformista logró detener en 1994, tanto en el seno del Estado y gobierno como en la guerrilla, a los "duros" o militaristas, y le abrió paso a las soluciones políticas. Ambas partes ganaron: el EZLN no fue aniquilado, pues las expectativas favorecían ampliamente al ejército, debido a la desigual correlación de fuerzas militares, y el gobierno no se desgastó, por el contrario, el candidato del partido oficial en las elecciones presidenciales del 21 de agosto de 1994 pudo ganar la contienda.

El diálogo predominó como mecanismo. Sin embargo, da la impresión que ambas partes emplean el diálogo como recurso táctico, y en ocasiones han amenazado con regresar a las armas. El EZLN reacomodó y amplió posiciones territoriales en diciembre de 1994 y el ejército intentó capturar al máximo líder del EZLN en febrero de 1995. Ambos fracasaron. Después se restableció el contacto político. Se construyeron sobre la marcha instancias de mediación formadas por personas con gran prestigio e influencia y por instituciones: La Comisión Nacional de Intermediación (CONAI) y la Comisión de Concordia y Pacificación del Congreso de la Unión (COCOPA). Ambas inauguraron una fórmula mexicana para evitar la guerra. Se legisló a favor de la paz en marzo de 1995, con la Ley para el Diálogo, la Conciliación y la Paz Digna en Chiapas, que permite al EZLN no ser perseguido ni judicial ni militarmente por el gobierno, y en abril de 1995 se instauró un compromiso conocido como "Acuerdo de San Miguel" para que ninguna de las dos partes se levantara de la mesa del diálogo. Esto demuestra la voluntad política de ambas partes.

Casi un año duró el trabajo para alcanzar los Acuerdos de San Andrés Larráinzar entre marzo de 1995 y febrero de 1996. Se firman como el logro más importante del proceso de diálogo y negociación. Después se detiene el proceso. La no implementación de los Acuerdos firmados es el punto de quiebre de la negociación.

Desde ese momento comienza un fenómeno regresivo, ni la CONAI ni la COCOPA logran convencer a las partes de continuar el diálogo y la negociación. El gobierno detiene la negociación, en parte porque se percibe rebasado por el impulso del EZLN y el respaldo a éste por sectores importantes de la sociedad civil, entre ellos los indígenas de otras etnias que habían participado en el debate en San Andrés Larráinzar, provenientes de otros estados, y en parte porque se debían afectar intereses que son fundamentales para el sistema político: los de los terratenientes chiapanecos. El EZLN, en respuesta a esta parálisis, se cierra al debate y sostiene que la única vía para continuar es el cumplimiento de los Acuerdos, y da un viraje en su estrategia: de nueva cuenta se dirige a buscar el respaldo de la sociedad civil y la comunidad internacional que le había expresado solidaridad. Después de San Andrés han proliferado distintas propuestas legales, tanto desde la Presidencia de la República, la COCOPA, como las provenientes de los distintos partidos políticos y hasta por el gobierno del estado de Chiapas.

El gobierno mexicano en el recorrido del diálogo y la negociación ha mostrado inconsistencias. En cinco años ha habido cinco negociadores y algunas de las propuestas ofrecidas a los insurgentes incluso han sido contradictorias. A la par, la situación política y social de Chiapas se ha deteriorado dramáticamente. La expresión más grave de ello es la actividad de grupos paramilitares defensores de los terratenientes, que actúan con gran impunidad y han provocado graves violaciones a los derechos humanos. Inicia un fenómeno de desplazados y refugiados indígenas que deambulan por las montañas y la selva (se estiman en más de diez mil), y se comienzan a presentar masacres de indígenas. La máxima expresión de lo anterior fue la masacre de Acteal el 22 de diciembre de 1997, que involucró a los cuerpos de seguridad del gobierno del estado de Chiapas. El fantasma de los temidos grupos paramilitares de Guatemala, El Salvador y Colombia aparece en Chiapas.

El EZLN, desde 1996, ha reducido su comunicación con el gobierno al mínimo y pareciera que busca la prolongación de la negociación en espera de un mejor momento político. Considera que el gobierno mexicano faltó a su palabra y compromisos y sólo busca sobrevivir a través de lo que le ha dado energía: la solidaridad de sus redes de apoyo. Mientras tanto la situación se descompone.

Las fórmulas de paz para superar este *impasse*, ofrecidas por diversos organismos y personalidades, han sido muy variadas: van desde considerar la participación de la comunidad internacional, aprovechando el ejemplo positivo de Centroamérica, hasta reconstruir modalidades nuevas del diálogo, que incluyen desde comisiones integradas por personalidades notables, hasta la última oferta gubernamental: un diálogo directo y discreto. Sin embargo, México y la comunidad internacional esperan que efectivamente la voluntad política de ambas partes se transforme y se pueda reactivar el proceso de diálogo-negociación.

Éste es el desafío de Chiapas a inicios del siglo XXI.

¿Por qué Chiapas está en crisis?

Raíces históricas de la crisis chiapaneca

Jan de Vos

VOY A INICIAR el análisis comparando dos acontecimientos muy significativos para ubicar este gran proceso de crisis en que está sumergido el estado de Chiapas. Uno de ellos es la masacre de Acteal, a finales de 1997. Es un claro síntoma de esta crisis que se volvió conflictiva. El otro es un acontecimiento histórico-mítico. Al principio de la historia de Chiapas, en el lugar llamado Tepechía, que es un lugar que se menciona en la leyenda de la batalla del Sumidero. Llama la atención el paralelismo entre estos dos sucesos, por qué tanto en Tepechía como en Acteal están presentes los elementos que forman esta sociedad sumamente conflictiva que nació en aquel entonces y que no ha dejado de expresar la conflictividad.

Muchas veces se dice que por el conflicto chiapaneco de los últimos cinco años se rompió el tejido social de Chiapas; que no sólo se rompió la convivencia social sino se rompieron los mecanismos que hasta aquel entonces habían funcionado y que hacían funcionar esta sociedad conflictiva. Mi hipótesis es que cuando hablamos de conflicto, hay un "conflicto" con minúsculas, que serían los últimos cinco años, y un "Conflicto" con mayúsculas, que es toda la historia chiapaneca.

Chiapas siempre ha tenido una sociedad conflictiva, y hay varios elementos para sostener esto. En primer lugar, existe una dualidad entre dos repúblicas que sobrevivió mucho más en Chiapas que en otras regiones de México. Siguen existiendo y coexistiendo dos mundos que económica y socialmente están en estrecha interrelación. También sigue existiendo, desde el siglo XVI, un Chiapas multifacético. Las regiones en Chiapas tienen su propia historia. A veces me ha llamado la atención que hablando sobre el problema de Chiapas, jóvenes estudiantes del Soconusco dijeron: "Pero eso es un problema que a nosotros no nos interesa." Hasta ese grado Chiapas está dividida geográfica y socialmente. Y esto sigue funcionando, pues desde la época prehispánica está dividida en comunidades distintas.

¿Qué pasó en Acteal?, ¿cuáles son los elementos que ya aparecen de una manera impresionante en la historia de Tepechía? Hay un conflicto intracomunitario en Chiapas, donde los indios, las comunidades que nacen en la época colonial, están divididas. Hay tensiones, hay grupos encabezados por caciques. Este conflicto, esta división, incrementa las tensiones cuando desde afuera, el poder ejercido por los españoles trata de manipular los conflictos. Es decir, desde el principio en la historia de Chiapas las divisiones entre comunidades, por un lado, y desde adentro de la comunidad, manipuladas por el gobierno, al principio colonial, después neocolonial, son la clave para entender los conflictos. Esos elementos están presentes, si entramos un poco en detalle en la historia de Tepechía, muy parecida a la de Acteal, se puede comprender cómo operan esos mecanismos.

Los rebeldes indios de Chiapas en 1532 son finalmente vencidos, tanto por los españoles como por otros indios (los ancestros de los paramilitares), y no son ejecutados por españoles, pues los españoles, muy inteligentemente, dejan este trabajo sucio a los mismos indígenas.

Éste es un ejemplo de cómo la historia puede dar a entender la lógica de varios sucesos posteriores. Es decir, la hipótesis es que hubo una crisis en el siglo XVI y después de esta crisis una recomposición paciente, imaginativa, sobre todo por parte de las comunidades indígenas, que tuvieron que entrar en un modo diferente de vida: social, cultural, y económica. Pero es cierto, y eso es la famosa Costumbre, que no es únicamente una manera religiosa de ver la vida, sino es una manera global de ver la vida.

Como historiador, intentaré realizar una historia clínica de esta crisis, es decir, tratar de ir hacia el pasado. La crisis en Chiapas es algo de muy larga duración. A mediados de este siglo empezó la crisis actual y aun no termina. Para analizar esta crisis de segunda mitad de siglo en Chiapas, se tendría que hacer un esfuerzo de ver la historia de Chiapas desde su muy larga duración, que empezó con la conquista.

Siglo XVI: religión y costumbre

Desde la segunda mitad del siglo XVI, con la conquista por los españoles irrumpieron unos mecanismos de convivencia social, cultural, política y económica totalmente diferentes, debido a los cuales la población indígena tuvo que hacer una recomposición de todo lo que había funcionado hasta ese momento. Hay pocos documentos sobre este proceso, pero seguramente hubo una recomposición civilizatoria sumamente profunda y conflictiva que fue obra de los misioneros. La historia de Chiapas enseña que hoy día surge una nueva crisis de recomposición, por lo cual muchas cosas ya no están funcionando. Ya no pueden continuar existiendo los mecanismos que habían sido funcionales durante casi cuatrocientos años.

Los misioneros vinieron a predicar el Evangelio y los rudimentos de la religión cristiana tratando de enseñar a los indígenas el Padre Nuestro. Sin embargo, desde la primera frase del Padre Nuestro tenemos el núcleo de ese modelo de civilización que es tan diferente: "Padre Nuestro que estás en el cielo." Para la civilización prehispánica, formada básicamente por poblaciones sedentarias, campesinas, la divinidad no está en el cielo ni siquiera está en la tierra: es la tierra. Entonces, desde el principio tenemos este encuentro-desencuentro entre dos civilizaciones. Por eso considero que la segunda mitad del siglo XVI es un periodo en que los cambios fueron extremadamente fuertes; los indígenas necesitaron como medio siglo para hacer sus reajustes.

Veamos ahora la segunda hoja lateral del tríptico, estamos en la segunda mitad del siglo XX, pero nos preguntamos ¿qué sucedió entre el primer periodo y el segundo periodo? Fue el tiempo en el que se desarrolló la religiosidad indígena junto con la religiosidad popular española, cada una por su lado. Los indígenas llamaron a su religiosidad "la Costumbre". Esta Costumbre indígena se desarrolló en el periodo intermedio. La Costumbre indígena llegó a ser un sistema holístico donde todo se integraba junto con una gran disciplina y cohesión social. La Costumbre lo era todo. Las comunidades lograron estructurarse en torno a esa Costumbre, en la que obviamente lo religioso era lo fundamental, pero en la que también funcionaba lo económico, lo político y lo social. En la Costumbre funcionaban sistemas de control muy elaborados para que, por ejemplo, no hubiera excesos en el ejercicio del poder.

Siglo XIX: los terratenientes

Un cambio muy profundo se dio en la segunda mitad del siglo XIX, con las leyes de Reforma, pues sobrevino el colapso de la iglesia católica no sólo en el nivel material, también a nivel del control que ejercía sobre las comunidades. Parte importante del clero de Chiapas huyó a Guatemala. Posteriormente, por el abandono de la iglesia católica se produjo una invasión de los terratenientes y los indígenas perdieron sus tierras. Así, por un lado, se dio una autonomía indígena a nivel religioso, pero, al mismo tiempo, sucedió una dominación y disminución de la autonomía a nivel económico por la pérdida de sus tierras.

En Chiapas, a diferencia del resto de México, la historia del siglo XX comienza con una rebelión, la rebelión de los finqueros; es la única rebelión que sí tuvo resultado porque su líder fue nombrado gobernador de Chiapas en 1920. Nunca llega la revolución porque este nuevo gobernador inmediatamente empezó a hacer leyes estatales para impedir la reforma agraria. Esta reforma agraria llegó apenas a Chiapas en el sexenio del general Lázaro Cárdenas a finales de los treinta, pero no suficientemente. Toda esta franja finquera, que separa Los Altos de la Selva, es un cordón de hierro; la mayoría de los indígenas que formaron las nuevas colonias en la selva fueron durante varias generaciones peones en las haciendas. Ahí perdieron buena parte de la Costumbre. El resultado es la existencia de una población indígena campesina explotada y con un mundo interior de desconfianza hacia las autoridades.

A mediados del siglo XX empieza una nueva crisis donde la Costumbre, esta manera de vivir en la comunidad, de relacionarse con el mundo exterior, tanto por parte de los indígenas como de los que tienen el poder, está funcionando cada vez menos y para esta nueva crisis hay elementos que nacen desde adentro. En primer lugar está la explosión demográfica.

1950: la nueva evangelización

Las comunidades indígenas habían desarrollado mecanismos de control social, de convivencia social, que funcionaban en una comunidad muy reducida en cuanto a población, donde todos se conocían mutuamente. A partir de 1950 vamos a ver una explosión demográfica en toda la población indígena. Éste es uno de los problemas más importantes, al mismo tiempo entran varios grupos a buscar opciones con el afán de redimir a esta población indígena que ya había entrado en crisis. Empezaron a formar parte de esta crisis como actores con el afán de sacar a la población de sus problemas, causando en consecuencia una aceleración de la crisis. Está en primer lugar el grupo de los educadores de mílito, fundado en 1948, y después a través del centro de mílito en San Cristóbal, fundado en 1952. Ingresan las iglesias protestantes.

Comenzó esta nueva presencia con el Instituto Lingüístico de Verano, donde los futuros misioneros protestantes aprendían las lenguas indígenas para llevar por primera vez, según ellos, el cristianismo a los indígenas. Ellos no hablan de reevangelización, hablaban de evangelización, pues decían que los indígenas nunca habían recibido realmente el Evangelio o la Palabra de Dios. La entrada de los misioneros protestantes en Chiapas fue impresionante. Realmente hicieron una impresionante labor de traducción de la Biblia a las lenguas indígenas de Chiapas.

Esta irrupción protestante produjo una gran preocupación en la iglesia católica como jerarquía. Así, la iglesia católica, ante el avance de este movimiento misionero, decide volverse ella también de nuevo misionera, lo que no había sido durante mucho tiempo. Primero a través de Acción Católica, no la teología de la liberación, que es posterior hacia los años setenta. Estoy hablando de mediados de siglo, cuando Acción Católica, mediante un gran esfuerzo de curas de pueblo que daban los sacramentos, que cobraban sus impuestos religiosos, trataron de cubrir la mayor parte de las comunidades. Este nuevo movimiento misionero católico también tuvo gran presencia en Guatemala. Su influencia llegó a tal grado que no se escapó ninguna comunidad indígena de ser dividida, fracturada por la entrada de Acción Católica, porque Acción Católica se declaraba muy pronto como adversaria de la Costumbre. Acción Católica tuvo, sin embargo, gran éxito en Guatemala, no en Chiapas. Este enfrentamiento a veces llegó a ser muy conflictivo. Esta nueva acción misionera coincidió con la llegada de don Samuel Ruiz García. Fue consagrado obispo en 1959, llegó en 1960 a Chiapas y ahí se estableció desde esa fecha. Después, durante la década de los sesenta, se conjuga con los grandes movimientos de *aggiornamento* en la iglesia católica que se dieron con Vaticano II y con Medellín, y con la corriente de la teología de la liberación que también estaba empezando. Todo eso influyó mucho en la pastoral de la diócesis de San Cristóbal y radicalizó las posiciones de los agentes de pastoral. Me parece que es muy importante no cargarle toda la responsabilidad a la teología de la liberación, sino también darle una parte de responsabilidad al encuentro con una realidad lacerante que hizo que los catequistas, que habían sido formados en la primera fase más bien tradicional de la reevangelización, empezaran a cuestionar a los agentes de pastoral.

Así pues, se dio este periodo de gran crisis cultural, política, económica y social en el que entró toda la población indígena y la mayoría de la población mestiza, y que yo considero como aún no terminado.

¿Qué significa lo anterior?, que la comunidad indígena entró a partir de 1950 en una crisis cada vez mayor. Hay una crisis que no sólo es un proceso negativo, es precisamente un proceso donde muchas cosas antiguas ya no están funcionando y donde se abre un espacio para la imaginación organizativa, y donde poco a poco las comunidades están tratando de buscar un camino. Hablando de camino, llama la atención que los indígenas con los cuales yo he hablado últimamente, sobre todo los de Las Cañadas, y que están afectados mucho más que otros en el estado de Chiapas por este proceso de crisis, que siempre dicen: "Hemos caminado por cuatro caminos al mismo tiempo." ¿Qué quieren decir con esto? "A ver cuál de los caminos da una mayor salida a esta crisis de descomposición y recomposición en la cual estamos metidos". Y entonces retoman la influencia que recibieron de estos diferentes grupos que llegaron como redentores de las comunidades indígenas. Está la Palabra de Dios, que básicamente es el trabajo de la diócesis de San Cristóbal, pero también ahora entra lo que están haciendo los misioneros protestantes. El estado de Chiapas pronto va a ser el que tendrá la mayor población protestante en México.

1970-1994: politización y guerra

A la par, está también presente otra influencia que recibieron en los años setenta, de las organizaciones de izquierda de distintas corrientes ideológicas, dentro de las cuales ellos aprendieron a organizarse. Después de 1968 llegaron en varias oleadas izquierdistas inspirados en varias corrientes, empezaron a trabajar y ayudar a las comunidades, en lo que llaman "la organización". Los primeros fueron maoístas de dos corrientes: los ingenieros de la Universidad de Chapingo y los del llamado movimiento "Poder Popular". Estos maoístas de Poder Popular empezaron un proselitismo político ayudando a las comunidades a organizarse en uniones de ejidos, en estrecha colaboración con agentes de pastoral porque éstas llevaban la delantera y tenían la confianza de las comunidades. Así se formó la primera Unión de Ejidos Kip tic ta le cup kesel (Unidos para Nuestro Progreso), luego vinieron varias uniones de ejidos, después se fusionaron en una Unión de Uniones de Ejidos y Carlos Salinas les otorgó la personalidad jurídica. Ahí apareció el conflicto con la diócesis de San Cristóbal.

Como resultado de esta organización política, los indígenas empezaron a moverse y a discutir sus problemas a nivel de asambleas; costumbre muy parecida a la que ellos usan en sus reuniones para llegar a un consenso; entonces funcionó muy bien esta simbiosis entre el modo maoísta de tomar decisiones a nivel asamblea y la costumbre indígena de llegar a los mismos resultados a nivel de una unión de toda la comunidad. Está además lo que ellos llaman su propia experiencia, su raíz, su historia, todo lo que tiene que ver con el intento de revivir las antiguas costumbres, como un proceso de reestructuración propio: volver a la raíz.

Y finalmente está la opción armada, opción que para ellos empezó como necesidad de autodefenderse. Al inicio no había ninguna intención de construir un ejército insurgente, eso vendría en un segundo momento. El primer momento es armarse contra la amenaza continua que significa para ellos la presencia de "guardias blancas", y del ejército de vez en cuando. Por ejemplo, cuando se dio el desalojo que se trató de hacer en la selva Lacandona por parte del gobierno a partir de una decisión presidencial en 1972, cuando declaró gran parte de la selva reserva para los lacandones.

En 1983 toda esta organización recibió una sacudida: llegó un pequeño grupo guerrillero que formaba parte de las llamadas Fuerzas de Liberación Nacional. Grupo guerrillero mitad indígena, mitad mestizo, donde por primera vez apareció el subcomandante Marcos. No eran maoístas. Era un movimiento clandestino que funcionaba a nivel nacional, que tenía su base probablemente en Monterrey y que en 1974 ya había hecho un primer intento, que no había funcionado, para establecerse en la selva Lacandona. En 1983 este grupo volvió más estructurado y más preparado y con la gran ventaja de que ya tenían varios indígenas radicalizados, políticamente concientizados.

Este pequeño grupo se estableció en la selva, porque en la selva Lacandona, principalmente en Las Cañadas, era donde los indígenas habían alcanzado un nivel de organización que en pocas regiones de México se había logrado. Esta organización era el resultado del trabajo paciente y lento de la iglesia católica y del trabajo un poco más acelerado de los maoístas en los años setenta. Ya se había visto la capacidad organizativa de estos indígenas en el famoso Congreso Indígena celebrado en 1974, pero entre 1974 y 1983 fueron nueve años de un gran florecimiento del trabajo organizativo. Este grupo guerrillero necesitó varios años para fortalecerse y buscar contacto con las comunidades indígenas. El movimiento zapatista hizo una oferta a los indígenas. Preguntaron a los indígenas organizados: –¿Ustedes tienen armas? –sí, unas pocas, –¿para qué las utilizan?, –para defendernos de las guardias blancas de los finqueros y para defendernos de cualquier posible amenaza del ejército mexicano cuando viene a desalojarnos de nuestros ejidos. La oferta del grupo guerrillero fue transformar esta pequeña fuerza armada defensiva en un movimiento ofensivo dirigido a la insurgencia, hacia un cambio de la sociedad. Los indígenas respondieron:

Está bien, hemos caminado y aún seguimos caminando por el camino de la Palabra de Dios; también caminamos por el camino de la organización, pero no nos ha dado mucho resultado porque las autoridades siguen dando largas a nuestros problemas; a ver si es posible tomar este tercer camino, el camino de las armas.

Luego dijeron, "¿por qué no experimentar este camino a ver si da salida a nuestros problemas?"

Así, el tercer camino cobró cada vez más fuerza entre los indígenas hasta que llegó el momento en que surgió un conflicto entre la iglesia católica y esta línea de las armas. Sobre todo cuando en el nivel internacional se produjo un cambio total del escenario: por una parte, por la caída del Muro de Berlín; y, por la otra, por el desenlace de los movimientos de Nicaragua y El Salvador, en una decisión política que tampoco llevó a un cambio radical de la sociedad. La nueva invitación del grupo encabezado por el subcomandante Marcos, fue convertir ese movimiento de autodefensa en una insurgencia para pretender hacer un cambio en el país en el nivel nacional.

Falta mencionar un cuarto camino del que ellos también a veces hablan, el de su propia experiencia. Dicen:

Está bien, la Palabra de Dios nos llegó en un momento dado desde fuera por los misioneros protestantes y católicos; la organización en parte también nos la enseñaron los asesores de fuera, los activistas de izquierda; la vía de las armas también nos la ofreció ese pequeño grupo de insurgentes; pero hay un camino que es nuestro desde siempre, es el camino de nuestra propia historia, de nuestra propia experiencia, es tal vez la escuela en la que más aprendimos. Es lo que podemos llamar el camino de nuestra raíz.

Los indígenas aprendieron a caminar, dicen, por estos cuatro caminos al mismo tiempo hasta que ya no pudieron y tuvieron que decidir, esto explica la situación tan tensa que hay en este momento; sobre todo porque en el camino de las armas se dieron cuenta que no iban a poder contra el ejército mexicano.

Después de la experiencia de la guerra vino una larga experiencia de tregua en donde a través del diálogo experimentaron que el camino de la resistencia negociada, que ya habían caminado en la organización, parecía no llevar a ninguna parte; las autoridades seguían teniendo la misma mentalidad, a pesar de esa sacudida de diez días que de alguna manera los espantó, pero, parece, decían los indígenas, que continúa el mismo desprecio; las autoridades no han cambiado de mentalidad ni de disposición.

En síntesis, ésta es una visión histórica de muy larga duración. Los cuatro caminos por el que ha caminado la organización y acción de los indígenas de Chiapas desde 1950: la Palabra de Dios, la organización, la búsqueda de "la raíz" y la vía armada, demuestran que la conversión de la crisis en un conflicto militar fue producto de largos años de reflexión y organización. En ese marco se debe contextualizar el conflicto de los últimos cinco años. Y si no se entiende esta historia clínica del mapa, difícilmente podemos hacer un buen diagnóstico.

Las causas de la rebelión en Chiapas

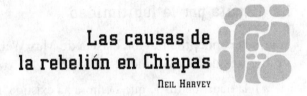

NEIL HARVEY

P ARA ABORDAR la pregunta: ¿Por qué está en crisis Chiapas?, resulta difícil separar lo local de lo nacional. Hay que reconocer que la situación actual de Chiapas trasciende sus fronteras, sin embargo voy a tratar algunos puntos centrales de la crisis desde la perspectiva local.

Quiero enfocarme en tres grandes problemas que requieren de nuestra atención y concluir con algunas hipótesis sobre por qué no avanza el proceso de paz en Chiapas. Estos tres problemas son:

- La crisis de legitimidad de los actores políticos locales, sobre todo del gobierno del estado. Mientras que algunos hablan de la crisis de la legalidad y del estado de derecho, yo diría que la crisis en Chiapas se trata más bien de una crisis de la legitimidad.
- Las disputas por la tierra y la crisis de la economía campesina, y su relación con la pobreza y la violencia.
- Las disputas por el poder municipal, las cuales se expresan como conflictos por llenar el vacío político entre diversos proyectos: unos que buscan mantener a toda costa (incluyendo actos violentos perpetrados por grupos paramilitares) las viejas redes de control caciquil; otros que intentan crear nuevas instancias de poder local a través de los municipios autónomos vinculados al zapatismo.

La disputa por la legitimidad

Según la conceptualización clásica de Max Weber, hay cuatro fuentes de la legitimidad política:

a) la tradición (o "lo que siempre ha existido");

b) el origen histórico-mítico del régimen (por ejemplo, el de la Revolución mexicana);

c) el carisma del líder, y

d) los procedimientos legales (característicos de un estado moderno).

La legitimidad es el elemento imprescindible de la autoridad política. Tiene que ganarse y tiene que mantenerse. En los estados modernos y republicanos es la Constitución política que ocupa el lugar simbólico de la autoridad, y de ésta nace la fuerza de la ley. En el caso de México, la Constitución de 1917 ha ocupado este lugar (con altibajos) porque fue resultado de una guerra civil en la que quedó destruida (por lo menos al nivel nacional) la legitimidad del régimen porfirista. Se tuvo que imponer una nueva legalidad, proceso que tardó muchos años y en el cual las fuerzas políticas locales y regionales influyeron mucho en la negociación de las nuevas reglas con el poder centralizado. Fue precisamente por esas negociaciones de la autoridad que los gobernantes chiapanecos lograron limitar la posible legitimidad que pudiera haber tenido la Constitución de 1917, sobre todo en lo que tocaba a la cuestión agraria. En Chiapas la reforma agraria se limitaba a la colonización de las selvas más que a la real afectación de la propiedad privada de los finqueros. El poder de los grupos regionales de terratenientes y comerciantes ladinos se quedó plasmado en el poder político ejercido por los gobiernos estatales, con el beneplácito del centro y del partido de la revolución ahora institucionalizada.

Resulta que en Chiapas la legitimidad nunca ha sido basada en la legalidad (los procedimientos legales), ni en el origen histórico-mítico (la Constitución de 1917), ni en el carisma de los políticos locales (que han sido subordinados al partido oficial), sino en la tradición o "lo que siempre ha existido" …hasta los años setenta.

A partir de los setenta han surgido varios conflictos que hicieron imposible que se siguiera gobernando al estilo tradicional. Podemos mencionar dos procesos de relevancia para comprender la crisis de hoy. En primer lugar, Chiapas ha visto el surgimiento de muchas nuevas organizaciones populares, campesinas, indígenas y de maestros, empleando discursos antagónicos al poder tradicional. En particular, las diferentes corrientes de la izquierda y los cambios religiosos influyeron en la formación de núcleos locales y redes estatales que demandaron tierras, créditos, salud y educación. Segundo, un proceso más reciente, que arranca a finales de los ochenta, es la amplia concientización que se ha dado en torno a los derechos humanos, lo que ha implicado fuertes críticas al gobierno del estado por la impunidad de muchas agresiones cometidas en contra de dirigentes campesinos locales. Es importante señalar que la diócesis de San Cristóbal de Las Casas ha jugado un papel decisivo en este proceso a través del Centro Fray Bartolomé de Las Casas, el cual fue creado en 1989.

Con estos diversos movimientos y demandas, llegamos a finales de los ochenta con una latente crisis de legitimidad en Chiapas. El gobierno estatal pasa de manos del general Absalón Castellanos Domínguez (conocido como uno de los más represivos en la historia reciente) al gobierno "modernizador" de Patrocinio González Garrido. Sin embargo, sigue la represión pero ahora con una política paralela de cooptar a algunos dirigentes de organizaciones campesinas. Luego, a principios de 1993, González Garrido es nombrado secretario de Gobernación y lo sustituye Elmar Setzer como interino. El alzamiento zapatista del 1o. de enero de 1994 hizo que este último fuera sustituido por otro gobernador interino, Javier López Moreno.

La crisis de legitimidad en Chiapas se profundizó con las elecciones para nuevo gobernador en agosto de 1994. Los simpatizantes del EZLN y de la candidatura de Amado Avendaño (quien fue registrado por el PRD) denunciaron el fraude electoral que dejó como candidato "triunfante" al priísta Eduardo Robledo Rincón. Durante los últimos cuatro meses de 1994 se movilizaron miles de chiapanecos en actos de resistencia civil, incluyendo la instalación de un gobierno rebelde encabezado por Avendaño, la toma de presidencias municipales y la declaración de 38 municipios autónomos. Así fue que el año de 1995 empezó con un nuevo gobernador electo pero sin legitimidad.

Robledo duró poco. Cayó con el fracasado intento del gobierno federal de capturar al subcomandante Marcos y a otros zapatistas en febrero de 1995. Robledo pidió licencia y fue sustituido por otro interino, Julio César Ruiz Ferro, quien tampoco logró legitimarse, terminando su gobierno interino con la masacre de Acteal a finales de 1997 y su reemplazo por el actual gobernador interino Roberto Albores Guillén. Albores tampoco actúa con legitimación entre la población de Chiapas y está claramente subordinado a la estrategia contrainsurgente del gobierno federal.

¿Por qué está en crisis Chiapas? Porque no ha existido un gobierno del estado legítimo. Antes de los setenta parecía que esto no era un problema. Desde ese entonces la falta de legitimidad se vuelve cada vez más difícil de encubrir y mantener. Ahora, a cinco años de la rebelión zapatista, es imprescindible la reforma democrática para el estado de Chiapas para que se puedan elegir representantes con legitimidad en todos los niveles de gobierno.

La disputa por la tierra

La cuestión agraria es uno de los grandes problemas de Chiapas que dio origen a la rebelión zapatista. Ya mencionamos la resistencia tradicional que presentaban los grupos de poder local frente a la reforma agraria. Estos grupos se quedaron contentos con las reformas salinistas al artículo 27 constitucional. No así los núcleos campesinos que llevaban muchos años en la lucha por el reparto de tierras. De hecho, en 1994 se concentraba en Chiapas el 28 por ciento del rezago agrario nacional.

A partir de 1994 el gobierno federal tuvo que responder a una nueva movilización y tomas de tierras por parte de las organizaciones campesinas e indígenas. El gobierno respondió con una doble estrategia. Por un lado compró tierras para redistribuirlas entre los grupos solicitantes y, por el otro, reprimió a otros grupos por la vía del desalojo (entre enero de 1995 y marzo de 1996 se registraron más de 300 desalojos de propiedades, muchos de ellos violentos). En febrero de 1996 el gobierno de Ernesto Zedillo declaró que se habían logrado acuerdos con las organizaciones campesinas de la entidad y el asunto estaba resuelto y plasmado en un documento, los llamados "Acuerdos Agrarios". Sin embargo, el problema sigue por dos razones principales. En primer lugar, los acuerdos no satisficieron la demanda de tierras por las pocas opciones económicas que existen en el medio rural. Los acuerdos sólo abarcaron unas 200,000 hectáreas, mientras las organizaciones campesinas habían identificado unas

600,000 hectáreas afectables. En segundo lugar, en muchos casos no se entregaron las tierras acordadas y los acuerdos se quedaron sólo en el papel. Por lo tanto, siguen las disputas por la tierra y, además, la política agraria del gobierno no ofrece solución a largo plazo. Hace falta una nueva política de desarrollo rural incluyente en donde incidan las organizaciones campesinas e indígenas.

¿Por qué está en crisis Chiapas? Por la falta de una política agraria eficaz durante muchas décadas, y por la imposición de una política agropecuaria excluyente durante los últimos años, lo que también constituye un tema de debate nacional.

La disputa por el municipio

En los municipios mayoritariamente indígenas el PRI ha mantenido desde los años cuarenta el control político, monopolizando así los espacios de la representación. Ese control se basaba en la posición de los caciques indígenas quienes funcionaban como intermediarios políticos entre las agencias gubernamentales, comerciantes ladinos, etcétera, y las comunidades indígenas.

Esta posición ha sido debilitada por varios factores. Aquí me limito a mencionar a tres:

1. La misma crisis económica que no permite que dichos caciques juegan el mismo papel que antes porque no hay los mismos recursos que repartir.

2. La disidencia en contra del autoritarismo de los gobiernos municipales, la cual encontró expresión en diversas formas (nuevas agrupaciones religiosas, organizaciones de productores y afiliación a partidos políticos).

3. El apoyo masivo hacia el zapatismo, el cual marcó un claro rechazo a las autoridades municipales, ahora expresado en la creación de los gobiernos autónomos rebeldes.

Sobre este último aspecto vale la pena recordar que fue por los fraudes cometidos en la elección de 1994 que el abstencionismo creció; esto se vio en gran medida en las elecciones municipales de 1995. Estas experiencias llevaron a que las bases zapatistas buscaran otras formas de representación política de los pueblos indígenas a través de la implementación de los Acuerdos de San Andrés, firmados en febrero de 1996.

De estas disputas surgen las acciones perpetradas por grupos paramilitares en contra de las disidencias que simpatizan con el zapatismo. De ahí viene el deterioro de las condiciones de vida, situación que se va empeorando mientras no se implementen medidas de distensión y de respeto a los Acuerdos de San Andrés.

¿Por qué está en crisis Chiapas? Por la falta de una visión realista por parte del gobierno federal y estatal en cuanto al grado de deslegitimación de las autoridades municipales, creyendo que todavía se puede y se debe mantener el viejo orden, recurriendo al argumento de que hay que sostener el "estado de derecho". Este término se ha vuelto central en el discurso oficial, pero siempre estuvo ausente cuando se trató de las violaciones de los derechos agrarios, laborales y humanos de los campesinos e indígenas.

En conclusión, podemos afirmar que la crisis de Chiapas no es resultado de la rebelión zapatista. La crisis ya estaba ahí, pero casi nadie le dio atención. La rebelión fue una manifestación de esta crisis, una crisis que sigue peor ahora que en 1994, no porque el EZLN se haya alzado en armas sino por la incapacidad de los gobernantes para reconocer la verdadera dimensión y la complejidad de esta crisis. Por lo tanto, surge la pregunta, ¿por qué el gobierno no se siente obligado a conceder las reformas que le están pidiendo los zapatistas? Sólo quiero adelantar cuatro factores:

a) La falta de presión por parte de las élites económicas (a comparación de otros procesos de paz en América Latina, en donde un sector de las élites optaron por negociar la paz con los movimientos armados).

b) Los límites de la presión internacional en el caso mexicano (factor que fue más importante en los casos de El Salvador y Guatemala).

c) El papel de la sociedad civil, que, aunque más fuerte en México que en otros países de América Latina, no ha logrado que el gobierno adopte una posición más flexible.

d) El hecho de que la fuerza de los mismos zapatistas ha seguido los altibajos de las alianzas regionales, nacionales e internacionales, creando dificultades que el gobierno ha aprovechado en su estrategia de "achicar" las dimensiones reales de la rebelión.

¿Qué pasa en Chiapas?
Cuatro tesis sobre una guerra a la que no se le quiere reconocer su nombre

Luis Hernández Navarro

Tesis 1: en Chiapas hay una guerra

NADA DE lo que hoy sucede en lo militar o en lo político en Chiapas es producto de la casualidad. Allí hay una guerra, y no hay actividad más planificada que ésta.

El estatus del conflicto chiapaneco es el de un "conflicto armado interno". El EZLN declaró la guerra al ejército y al Ejecutivo Federal el 1o. de enero de 1994, acogiéndose a las Leyes sobre la Guerra de la Convención de Ginebra. Hasta el momento esta declaración no ha sido retirada. Hay dos partes armadas, aunque sólo una de ellas, el gobierno federal, las ha usado de manera activa.

Los insurgentes están reconocidos como EZLN en la ley. El marco legal para resolver el conflicto señala explícitamente que su objetivo es buscar la paz. El 1o. de marzo de 1995 el Congreso promulgó la Ley para el Diálogo, la Conciliación y la Paz Digna en Chiapas, y creó la Comisión de Concordia y Pacificación (COCOPA). El 16 de febrero de 1996, el gobierno federal y el EZLN firmaron cuatro documentos sobre derechos y cultura indígena, que son parte de un acuerdo de concordia y pacificación con justicia y dignidad. Paz es, según el *Diccionario del uso del español* de María Moliner, "situación en la que no hay guerra". Y guerra es, de acuerdo con el *Diccionario de la lengua española* de la Real Academia Española, "lucha armada entre dos o más naciones

49

o entre bandos de una misma nación". En Chiapas, entonces, de acuerdo con los ordenamientos jurídicos acordados para solucionar el conflicto, hay una guerra.

Después de 12 días de combate, las partes decretaron unilateralmente treguas. Esta tregua ha sido rota en dos ocasiones por el gobierno federal. El 9 de febrero de 1995, cuando infructuosamente trató de detener al liderazgo zapatista. Y durante las acciones policiaco-militares ofensivas en contra de los municipios autónomos Ricardo Flores Magón, Tierra y Libertad y San Juan La Libertad. Los zapatistas no usaron sus armas contra la sociedad civil, y desde el 12 de enero de 1994 no lo han hecho tampoco contra el ejército, han respetado la tregua y han enfrentado los movimientos militares con la resistencia civil pacífica de sus comunidades.

La existencia de una tregua no ha significado que haya paz. Para enfrentar la rebelión, el gobierno ha puesto en marcha una estrategia de guerra. Unos 60,000 efectivos militares se han posicionado en 66 puntos clave de los 112 municipios chiapanecos. Cuando menos, nueve grupos paramilitares operan en 27 municipios, y son responsables de centenares de asesinatos de civiles. Más de 150 observadores de derechos humanos extranjeros han sido expulsados del país. Las instancias de mediación y coadyuvancia han sido severamente atacadas, al punto de forzar la renuncia de la primera.

La dimensión militar del levantamiento zapatista no implica que se trate de un problema exclusivamente bélico. Por el contrario, lo militar expresa un conflicto en el que se mezclan problemáticas agrarias, étnicas, de rezago social, así como la crisis de un sistema regional de dominio, con imbricaciones nacionales.

Al tratar de negar esta caracterización, e insistir en que *en Chiapas no hay guerra*, el gobierno busca una salida que prescinda de la negociación de reformas sustantivas, y oculta la realidad de una estrategia y acción básicamente militar. La situación de tensión extrema que hoy en día se vive en Chiapas amenaza con provocar una nueva fase de confrontaciones. Creer que estamos ante un conjunto de problemas secundarios en un marco de violencia, sin comprender que ésta se alimenta de la polarización política, la desarticulación del tejido social, y las provocaciones y ataques de diversos actores y fuerzas de seguridad, es poner la carreta delante de los bueyes.

Tesis 2: El conflicto en Chiapas es de carácter nacional

Desde la perspectiva oficial la fuerza del EZLN se ha sobredimensionado, y su impacto es básicamente local y no nacional. Es frecuente escuchar desde el poder la idea de que el zapatismo no representa una fuerza nacional ni a los pueblos indios, y que su ámbito de acción se ubica en unos cuantos municipios chiapanecos. Según esta lógica, se ha concedido demasiado a una organización que tiene una escasa capacidad militar, y que no tiene parangón alguno con movimientos armados como el FMLN en El Salvador o la URNG en Guatemala.

Según una encuesta reciente de la Fundación Rosenblueth, la opinión gubernamental sobre el carácter local del problema sólo es compartida por el 17 por ciento de la población. Por el contrario, el 73 por ciento de los encuestados creen que el conflicto en Chiapas tiene repercusiones en todo el país. Asimismo, el 44 por ciento piensa que el EZLN representa legítimamente a los indígenas, en contra del 40 por ciento, que cree que no es así.

Independientemente de la fuerza militar del EZLN, el zapatismo es una fuerza política con impacto e incidencia nacional e internacional. Los rebeldes han logrado articular a su alrededor una enorme corriente de apoyo y simpatía hacia su causa, o, cuando menos, a favor de una salida pacífica al conflicto. La misma encuesta muestra que el 73 por ciento de la población piensa que los pueblos indígenas tuvieron razón en rebelarse contra el gobierno en 1994, 68 por ciento cree que el gobierno no ha mejorado las condiciones de los indígenas, y 57 por ciento opina que no ha hecho el mejor esfuerzo para lograr la paz. El conflicto en Chiapas ocupa un destacado lugar en los medios de comunicación, y ha obligado al mismo Presidente de la República a hacer sucesivos viajes a la entidad y a expresar públicamente su opinión.

El conflicto chiapaneco y la transición política en el país se han imbricado de tal forma, que no hay posibilidad real de dar salida a uno prescindiendo del otro. Ni siquiera el éxito parcial de las elecciones federales de 1997 permitieron aislar al zapatismo. La naturaleza de las relaciones de poder en juego, la necesidad de resolver el levantamiento armado solucionando temas pendientes de la agenda política nacional como el de los derechos de los pueblos indios, hacen que el precio a pagar por la paz sea el de la transformación del bloque conservador.

De la misma manera, buena parte de la política exterior mexicana se encuentra condicionada al tema chiapaneco. De la firma de un Tratado de Libre Comercio con la Unión Europea a la resolución del comité de expertos sobre derechos humanos de las Naciones Unidas, pasando por la próxima visita del Papa a México, la agenda de la diplomacia mexicana no puede escapar del nudo de Chiapas. El coordinador gubernamental para el diálogo viaja por el mundo para atender lo que según él es "sólo un conflicto político regional". Ningún movimiento de liberación en la época reciente ha logrado articular la red de apoyos con la que hoy cuenta el zapatismo. El problema chiapaneco se ha internacionalizado. De la solidaridad de grupos de derechos humanos y activistas de izquierda, se ha pasado a la presión e interés de parlamentos y gobiernos. En su reciente visita a México, el presidente de Francia recordó diplomáticamente al gobierno mexicano que debía de cumplir con lo firmado en San Andrés.

Si el gobierno mexicano no tiene el consenso para hacer la guerra abierta ni la posibilidad de forzar a la reinsersión de los rebeldes sin conceder reformas, ello es producto, en mucho, del hecho de que el conflicto dista de ser un mero problema local.

Tesis 3: la novedad del EZLN es su carácter novedoso

El zapatismo irrumpe en la escena internacional cuando los sueños de liberación de los pueblos han sido adormecidos por el decreto del fin de la historia. Emerge cuando la idea de revolución, tan cara a los proyectos transformadores, ha caído en desuso y es vista como una excentricidad. Aparece justo en el momento en el que, parafraseando a Eric P. Thompson en su reflexión sobre William Morris:

Lo que parece estar imbricado... es todo el problema de la subordinación de las facultades imaginativas utópicas dentro de la tradición marxista posterior: su carencia de una auto-consciencia moral o incluso de un vocabulario relativo al deseo, su incapacidad para proyectar imágenes de futuro, incluso su tendencia a recaer, en vez de eso, en el paraíso terrenal del utilitarismo, es decir, la maximización del crecimiento económico.

Su surgimiento, sin embargo, revirtió este proceso. Lo haya buscado o no, tuvo como consecuencia inmediata el estimular los sueños de transformación de amplias franjas ciudadanas que se resistían a la idea de que había que cancelar todo afán emancipatorio. Primero, por la fuerza que en lo simbólico de amplias capas de la población tiene la imagen de la revolución armada. Después, por el significado que lo indio y sus luchas han logrado conquistar, sobre todo en el Viejo Continente. Y, más adelante, por la naturaleza de su propuesta, alejada de las viejas concepciones de la guerrilla como partido armado y de la lucha por el poder del Estado. En el largo plazo, después del culto al resplandor de los fusiles lo que ha quedado como propuesta de los rebeldes indígenas mexicanos "zapatismo" es otra cosa: un proyecto político novedoso.

El EZLN no es una vanguardia político-militar marxista-leninista que se proponga tomar el poder de manera violenta para instaurar el socialismo. No lo era en enero de 1994, y menos lo es ahora. Se le puede caracterizar así, si lo que se quiere es convocar a los demonios de la guerra fría para descalificarlo. Pero ello no sirve mayormente si de lo que se trata es de entender su verdadera naturaleza, el carácter de su propuesta y su éxito político.

En su primer documento público, la Declaración de la Selva Lacandona, que ha sido juzgado como maximalista y fundamentalista, los rebeldes llamaban en su declaración de guerra, no a destruir el Estado burgués sino a algo mucho más modesto: que el Poder Legislativo y el Poder Judicial, se abocaran a restaurar la legalidad y la estabilidad de la nación deponiendo a Carlos Salinas de Gortari. La ilegitimidad del gobierno salinista había sido enarbolada desde el fraude electoral de 1988 por el cardenismo, y había sido alimentada por medidas como las reformas al artículo 27 constitucional y el asesinato de más de 500 militantes del PRD. La rebelión, además, se ubicó dentro de la ley y no fuera de ésta. Reivindicó como su fuente de legitimidad, el artículo 39 constitucional que establece que la soberanía nacional reside esencial y originariamente en el pueblo, y que éste tiene derecho, en todo tiempo, a alterar o modificar la forma del gobierno. En síntesis no buscó la subversión del Estado mexicano sino la sustitución del régimen político existente y de su política económica. Cinco años después, en su último comunicado, insiste en que lo que busca es "el reconocimiento de los derechos de los pueblos indios y democracia, libertad y justicia para todos los mexicanos y mexicanas". Y que con lo primero, la paz será posible.

El zapatismo ha ganado su legitimidad en el terreno mismo en el que el régimen la ha perdido: el déficit democrático, el desmantelamiento del Estado nacional, la pérdida de soberanía, la desaparición de las precarias redes sociales, la cancelación del reparto de tierra, la falta de reconocimiento a los derechos de los pueblos indios. Lo ha hecho explicándose a sí mismo, nombrando lo intolerable, construyendo un nuevo lenguaje, estimulando la voluntad de desear más y de otra manera, apelando al imaginario colectivo, sintonizando su discurso con el de una franja de la sociedad civil.

Una parte de sus planteamientos tales como la búsqueda de valores aceptados por la colectividad apoyados en el cimiento de la vida social, el papel del diálogo en su establecimiento, la constitución de los sujetos, la exigencia de dignidad, la lucha por todos los derechos para todos, incluido el derecho a la diferencia, la confluencia entre lo social y lo político, la combinación de la lucha étnica y la lucha democrática, la renuncia a buscar conquistar el poder y su interés por transformarlo, y el papel de la soberanía popular, se inscriben plenamente en el terreno de la novedad en el discurso tradicional de la izquierda.

El zapatismo, además, ha rearticulado y relanzado la nueva lucha india, desde una perspectiva que tiene profundas implicaciones para la gestación de otro modelo de país, tanto en lo que se refiere a la forma de enfrentar una globalización basada en la lógica del capital financiero, como en la definición del futuro del Estado-nación. Tal y como señala el sociólogo francés Alain Touraine:

> Hay una frontera que no se debe franquear: la que separa el reconocimiento del otro de la obsesión de la identidad... la identidad y la alteridad son inseparables y en un universo dominado por las fuerzas impersonales de los mercados financieros deben ser defendidas conjuntamente si se quiere evitar que la única resistencia eficaz a su dominación venga de los integrismos sectarios. El multiculturalismo democrático es hoy el objetivo principal de los movimientos sociales reformadores, como hace años lo fue la democracia industrial. No se reduce a la tolerancia ni a la aceptación de los particularismos limitados; tampoco se confunde con su relativismo cultural cargado de violencia. En los países liberales su fuerza principal es su resistencia a una globalización que sirve a los intereses de los más poderosos, y en los países autoritarios está al servicio de la laicidad y de los derechos de las minorías.

Pero, también, como lo ha expresado Luis Villoro: "La verdadera reforma del Estado es la reforma del proyecto de nación. Hay que inventar de nuevo la nación que queremos."

Chiapas no es la antigua Yugoslavia, ni las reivindicaciones indias en México tienen que ver con el etnicismo antidemocrático de otros movimientos. La política de identidad propuesta por el zapatismo no "busca el control de un territorio ni la separación de México", sino la transformación del país.

Tesis 4: el gobierno no tiene una política de paz

En el centro de la nueva interrupción en el proceso de paz se encuentra una cuestión de fondo: el gobierno no tiene hacia el conflicto chiapaneco una política de paz, sino un esquema de negociación. No busca la paz, sino recuperar la iniciativa político-militar. Una política de paz busca resolver a fondo las causas de la rebelión y sostener la continuidad de la negociación como parte de una política de Estado que trasciende los intereses inmediatos del gobierno y los partidos. Un esquema de negociación consiste tan sólo en la aplicación de algunas medidas para "contener" al enemigo y tratar de derrotarlo, utilizando el conflicto en función de las coyunturas políticas nacionales.

El esquema de negociación del gobierno ha tenido como ejes centrales "achicar" a los actores, "chiapanequizar" el conflicto, y ofrecer al zapatismo un esquema de reinserción civil sin negociación real de sus demandas. En su última fase, ha buscado retomar la iniciativa presentando una propuesta de reformas constitucionales sobre derechos y cultura indígena que difiere sensiblemente de los compromisos pactados en San Andrés y descalificar a la mediación. Quiere destruir el marco legal y el tejido institucional construido durante más de cuatro años de diálogo y negociación. Critica a los intelectuales por su actitud permisiva ante las estrategias y procedimientos del EZLN, controla a los medios de comunicación y organiza campañas xenófobas en contra de los observadores internacionales.

De esta manera, los indudables aciertos que hubo durante el proceso de negociación, tales como sostener la tregua militar, incorporar directamente al ejército al diálogo, meter a los partidos políticos como coadyuvantes y admitir cierta participación de la sociedad civil, han sido abandonados. Asimismo, la derrama económica en la región ha servido para amortiguar el descontento social y rearticular algunas clientelas políticas, pero no para desarrollar el estado, ni crear instituciones ni resolver las causas que originaron el conflicto.

La carencia de unidad de mando gubernamental en las negociaciones ha propiciado que intervengan en él, de manera escalonada, la Secretaría de Gobernación y el Presidente de la República, todos con posiciones distintas.

La decisión gubernamental de monopolizar la negociación y desmantelar a las mediaciones que no le sean incondicionales provocó, primero, la contención y destrucción de la CONAI, y, después, el desgaste de la COCOPA. Con ello canceló la posibilidad de solucionar el conflicto en el corto plazo y potenció la posibilidad de tener que recurrir a mediaciones internacionales.

Las experiencias de procesos de paz en otros países enseñan que la parálisis en la negociación está vinculada a dos variables básicas: poder y compromiso (legitimidad). Las partes tienden a negociar en situaciones de igualdad dinámica, cuando la débil crece y la fuerte decrece. Para romper el *impasse* se requiere de una política de reconocimiento, diálogo, cumplimiento de los acuerdos y mando unificado en la negociación. La insurgencia debe ser reconocida como un actor legítimo, el gobierno debe reafirmar la vía del diálogo como solución del conflicto, cumplir los compromisos pactados y sus negociadores requieren sostener una posición única y ser capaces de hacerla valer dentro del gobierno.

En el caso de Chiapas, tan sólo dos de las cuatro condiciones necesarias para romper el *impasse* se han cumplido. El EZLN fue reconocido como actor legítimo desde las primeras negociaciones de la Catedral, a inicios de 1994. A partir de entonces se ha insistido en el diálogo como vía de solución del conflicto, aunque el gobierno federal ha roto ese compromiso en varias ocasiones. Sin embargo, no cumplió lo pactado sobre derechos y cultura indígena, y prácticamente boicoteó la negociación sobre los temas de democracia y justicia. Ni la mediación ni la coadyuvancia –que son el aval de cualquier negociación– tuvieron la fuerza suficiente para obligar a cumplir con lo acordado. Ello se ha agravado con el desorden que cíclicamente priva en las filas del gobierno federal, y con una sucesión presidencial adelantada. Una y otra vez, las declaraciones de distintos funcionarios se contradicen entre sí sobre la estrategia oficial.

La estrategia gubernamental ha fracasado. Durante 1998, en medio de una de las peores ofensivas en su contra el EZLN creció dentro de la zona del conflicto, las comunidades resistieron la ofensiva militar, los municipios autónomos siguieron funcionando, el conflicto se mantuvo como punto de referencia central en la política nacional, y el zapatismo amplió notablemente su presencia internacional. Próximamente saldrán a recorrer el país 5,000 zapatistas para organizar la consulta sobre derechos y cultura indígenas.

El incumplimiento gubernamental de los acuerdos es la razón principal –aunque no la única– del *impasse* en las negociaciones con el EZLN. Para romper la parálisis, desde la lógica del EZLN, no hay más que un camino: que el gobierno cumpla lo que pactó sin regateos. Sólo por esa vía podrá recuperar la credibilidad sobre su disposición al diálogo. El hecho es medular: hoy está en juego la reforma indígena, mañana la vida de los rebeldes. Si en el futuro los zapatistas negocian reinsertarse a la vida civil y el gobierno no respeta su libertad o su vida, no podrán renegociarlo como ahora quieren que se haga con San Andrés.

Sin confianza y credibilidad no habrá negociación. Sin cumplimiento de lo pactado no habrá confianza ni credibilidad.

¿Por qué Chiapas está en crisis?

Alejandra Moreno Toscano

CINCO AÑOS permiten hacer una nueva lectura de lo que ha pasado en Chiapas. Enero de 1994: declaración de guerra, movilización del ejército, reacción de la opinión pública, cese unilateral al fuego, alternativa de diálogo y negociación para lograr una paz con justicia y dignidad para los indígenas-campesinos chiapanecos. Esos 10 días marcaron el conflicto, le definieron límites y siguen presentes.

Lo insólito del acontecimiento, que cambiaría el destino de muchos movimientos sociales del mundo a finales del siglo XX, fue que un ejército en toda forma, respondiera a una declaración de guerra declarando –una semana después– de manera unilateral el cese al fuego y aceptara la oferta política de que se entablara un diálogo con los guerrilleros para alcanzar una paz que no implicara su aniquilamiento.

Hoy, cuando en el mundo se recurre con mayor frecuencia a este expediente, y se logran avances sustantivos, incluso cuando las guerras han durado no lustros sino décadas, la pregunta sigue siendo si esa alternativa, en México, tendrá éxito. Cuando un grupo –cualquiera que sea– recurre al uso de las armas, los Estados enfrentan el problema mayor de darle solución al conflicto. Una salida posible es el aniquilamiento militar. Pero cualquier Estado político hará lo posible por encontrar soluciones políticas, antes de que las armas decidan. No es la primera vez, ni será la última, que se haya preferido recurrir a las reformas políticas profundas para alcanzar una paz justa y digna para todos.

Sin embargo, por la forma como se sucedieron los acontecimientos, por las opiniones que se vertieron, por el resultado obtenido, por los muertos que hubo, por lo que después se escribió y por lo que ahora vemos, el núcleo ideológico del conflicto en 1994 no quedó resuelto. La respuesta de reformar la política para alcanzar una paz nueva desataría resistencias tan grandes como los cambios que sí se alcanzaron.

Esa respuesta política tuvo, coyunturalmente al menos, dos corrientes de pensamiento y acción en contra: una, de grupos de poder que resistían a los cambios políticos, sobre todo cuando éstos tocaban el proceso de reproducción de su propia dominación. Esa reacción se esperaba. La otra, menos esperada, fue de grupos reformistas pragmáticos, indirecta y mucho más compleja. Procedía, como se desprende de lo que describe Carmen Legorreta, en su libro sobre las organizaciones campesinas de corte pragmático que no estuvieron de acuerdo con el levantamiento, cuya estrategia había sido negociar apoyos con el gobierno para el desarrollo socioeconómico de la región. Ubicadas, por las nuevas circunstancias, en un papel de espectadores, no alcanzaron a entender las implicaciones del cambio democrático para alcanzar la paz, y se dedicaron a poner en duda la legitimidad de la negociación y de los acuerdos. Si el gobierno negociaba con los intransigentes, ¿qué significado tendría su lucha, la de los pragmáticos reformistas históricos? Las organizaciones pragmáticas eran las únicas que legítimamente podían hablar de democracia y paz, porque habían estado contra la guerra y a favor de trabajar con los sectores progresistas del gobierno. Cualquier negociación con el EZLN era ilegítima. Cinco años después, podemos ver que este punto sigue sin resolverse.

La división profunda que ha habido entre las organizaciones de campesinos indígenas chiapanecos, no ayudó a que se alcanzara la paz. Desde la base, se puso en duda cualquier resquicio de entendimiento que hubiera podido construirse. La guerra, vieja ya de 10 años, que había enfrentado a los pragmáticos y a los radicales por las bases campesinas, influyó indirectamente en que el proceso de paz con reformas de 1994 terminara arrollado por quienes, desde el gobierno, se resistían a cualquier cambio en el régimen político.

¿Hubiera sido posible otra reacción? No fue posible y no importa especular. Además, esa posibilidad dejó de ser tema político desde febrero de 1995, cuando comenzó a ejecutarse la estrategia del nuevo gobierno.

En los últimos días se han publicado numerosos artículos, en periódicos y revistas políticas y literarias, que revisan los cinco años de insurrección zapatista desde los ángulos más variados. Hay en ellos nueva información, y la seriedad de muchos análisis refleja la honesta preocupación sobre este tema que todos compartimos. Hay, sin embargo, una afirmación que me gustaría destacar, una complicada coincidencia –complicada puesto que parte muchas veces de argumentos contradictorios– que afirma que "el gobierno equivocó su estrategia".

Este argumento parte del supuesto de que al país le convenía que hubiera reformas. Pero, ¿qué sucedería si, en lugar de mirar los hechos del gobierno esperando una reforma, los viéramos con otra perspectiva? Pensemos que, en política, las decisiones son racionales y se toman con un propósito, implícito o no. ¿Cómo leer entonces los acontecimientos de Chiapas? Pensemos, por ejemplo, que el gobierno hizo lo que quería hacer y que sus propósitos han tenido el éxito que dice haber tenido.

El gobierno en México tiene mucho margen de maniobra y espacios amplios de acción: monopoliza la violencia legítima (y, como hemos visto, puede incluso recurrir a la ilegítima, de vez en cuando), tiene a su cargo todas las decisiones de planificación, pone las reglas para quienes quieren participar en la política, castiga –aun cuando a veces tenga que decir "usted perdone"–, otorga los servicios de salud, apoya o frena la exportación de productos y el comercio exterior, puede restringir la libre circulación de mercancías y el tránsito de las personas, interviene en forma directa o indirecta en los espacios de comunicación, educa y moldea ideas y valores de las nuevas generaciones. Tiene capacidad de organización, control, logística y comunicación. En suma, tiene poder. Su acción coordinada puede cambiar las condiciones de la realidad. La descoordinación de su acción, dificulta la vida. Tiene los instrumentos para lograr lo que se propone: impulsar reformas o inhibir las aspiraciones de cambio.

Al tener tantos recursos, resulta por lo menos desproporcionado atribuir a un grupo de campesinos indígenas liderados por unos intransigentes, el que no se haya podido lograr la mejoría social y económica en Chiapas y que se mantenga un estado de tensión latente. Se podría decir, en descargo del gobierno, que ha duplicado los recursos económicos que asigna a la entidad desde la insurrección zapatista, pero los resultados sociales han sido tan magros, que vale la pregunta sobre si ha habido ineficacia, falta de propósitos claros, corrupción, falta de coordinación o dispendio.

Para sacar adelante a la economía chiapaneca después de 1994, el nuevo gobierno se decidió por una más fuerte intervención federal (por eso los bandazos del gobierno estatal), y es sabido que cuando un Estado se vuelve multipresente, fortalece las tendencias a reprimir o inhibir toda propuesta diferente y, en consecuencia, inhibe el desarrollo social.

En 1995, después del jalón de febrero, comenzaron, en abril, las negociaciones de San Andrés, que duraron casi todo el año. Fue un momento muy interesante de participación y formación de consensos. En febrero de 1996 se firmaron los acuerdos que supuestamente llevarían a reformas jurídicas importantes, incluyendo una enmienda constitucional y la promulgación de una ley que cambiaría la relación del Estado con los indígenas. Si eso se hubiera logrado, hubiera sido un éxito para todos. Pero la redacción de la iniciativa de ley preparada por la COCOPA, no fue aceptada por el Presidente y quedó congelada en el Congreso. ¿Qué pasó?

¿Fue sólo por razones de técnica jurídica que no se aceptó la redacción presentada por la COCOPA, que, por lo demás, tendría que haber sido debatida en el Congreso? No lo parece. Más bien, el gobierno pensó que la participación del EZLN en la formación de la ley implicaba un reconocimiento político que no quería darle. El EZLN no debía tener una voz significativa en ningún cambio jurídico, ni jugar un papel relevante en la firma de la paz. Por el contrario, debía frenarse su influencia política presente para que no la tuviera en el futuro. El costo político de esta reflexión tardía fue: primero, desconocer no sólo los acuerdos que había firmado y las firmas de sus representantes sino el esfuerzo de negociación hecho por diputados de todos los partidos políticos. El costo de la reforma debió parecerle demasiado alto, por los muchos problemas que desataría la ley en el futuro (¡qué tal que todos los indios quieran participar!), y por eso decidió echarse para atrás. En el fondo, la razón es que una tradición autoritaria no tolera que ninguna fuerza, bloque social o coalición política, asuman responsabilidades nacionales para hacer cambios que supone que sólo le competen al gobierno –y al Presidente. La razón no son las variantes del texto en las diversas iniciativas de ley.

Mientras estallaba el debate sobre el papel de la COCOPA (1996-1997) sucedieron las visitas de personalidades mundiales al campamento del EZLN y continuaron las convocatorias a congresos indígenas nacionales. Esto incomodó aún más al gobierno, que quería que el tema de Chiapas fuera tratado como asunto local y miraba cualquier vinculación exógena con enormes reservas. Pero como la realidad está construida por la superposición e intersecciones de múltiples redes socioespaciales y simbólicas, le resultaba difícil desmantelar las múltiples vinculaciones que establecían los zapatistas y las ondas de publicidad mundial que generaban. La realidad siempre resulta más enredada que las teorías que construimos sobre ella.

Por otro lado, la acción social inicialmente fue "neutra" pero poco duró. La idea era que, mientras los acontecimientos no se descontrolaran, lo mejor era atender a todos. Pero muy pronto esa acción encontró resistencias: unos grupos de poder pensaban que el gobierno apoyaba demasiado a los zapatistas; otros, que esto era útil porque disminuía las bases sociales de los insurrectos. Ésos fueron los meses en que se habló de un "doble discurso" del gobierno. Fueron los meses del *impasse*: ni se resolvía el asunto de la ley, ni se avanzaba en el desarrollo social ni se reducía el interés que despertaban los zapatistas.

El gobierno, con programas sociales, no puede resolver el problema mayor que le ha causado el EZLN: su impacto en múltiples grupos de la sociedad nacional, el interés que despertó en los centros urbanos, nacionales e internacionales, y la disposición emotiva a participar con ellos que desencadenaron entre los jóvenes. Cercados como estaban, en medio de la selva, siguieron convocando a reuniones nacionales, internacionales y galácticas, y recibieron respuesta, respaldo y apoyos.

En un clima de declive de fuerza política del partido en el gobierno, es decir el PRI (todavía no sucede la elección de 1997), el hecho de que los zapatistas armados lanzaran consultas plebiscitarias –asociadas a procedimientos democráticos–, cuya organización escapara al control del gobierno (internet), era preocupante para el poder. El argumento del gobierno debe haber estado muy cerca del siguiente: ¿cómo una persona (Marcos) que tomó un camino tan equivocado (las armas) podía tener éxitos políticos? Si las organizaciones legales y serias (los partidos) tienen tanta dificultad para convocar a la sociedad, cuando no tienen apoyo de los medios masivos o no cuentan con dinero para comprar líneas ágata, ¿cómo es que los zapatistas logran una respuesta masiva? Aquí entramos a uno de los puntos que nos pueden explicar por qué sigue la crisis chiapaneca: porque representa un riesgo mayor para la "estabilidad" (de la clase política realmente existente).

Un éxito político es muy riesgoso cuando hay debate ideológico. Por ello, el activismo político del EZLN, a través del FZLN o de la presencia de turistas observadores, se obstaculiza tanto. El gobierno lo ve como riesgo de infiltración ideológica y estorbo para su recuperación política. Lo interesante en esta historia, es que muchos vemos exactamente lo contrario: la mejor forma de hacer que el EZLN pase a ser fuerza política es, precisamente, que haga política. Pero con la visión de que el protagonismo es inconveniente para la política –tesis que sostienen los políticos mediocres– no se ha logrado abrir esa posibilidad.

La conclusión del gobierno puede ser lógica para el *statu quo*: no se puede fomentar que el EZLN hable con todos, independientemente de si viajan desarmados, son hombres o mujeres, porque cada movilización que realizan es un acto de propaganda. Y menos, si la sociedad percibe en ello una demostración de eficacia política. Que el EZLN sea eficaz, es demoledor para organizaciones políticas burocratizadas. Se dificultaron pues, las convenciones, los encuentros, las salidas al Distrito Federal, como la de Ramona y la de los 1,111 zapatistas. Y, sobre todo, se descalificaron las consultas.

En el periodo de 1997-1998 comenzó la estrategia de minar al EZLN a partir de dos mecanismos simultáneos: desvirtuar cualquier negociación que pudieran alcanzar y disuadir selectivamente, de manera indirecta, también armada e ilegal, a quienes se sostuvieran como sus simpatizantes. Las armas aparecieron por todos lados, comerciadas, entregadas o encubiertas por hombres ligados al poder. Éste es uno de los peores efectos de los conflictos armados: el negocio de sostener la hostilidad y la violencia... Hasta que sucedió la masacre de Acteal en diciembre de 1997.

Se aplicó, desde entonces ya abiertamente, el procedimiento más antiguo que se conoce para recuperar la estabilidad: desestabilizar, crear miedo, confundir, cooptar, mientras se habla de defender el estado de derecho. Una estrategia así termina por reducir el número de quienes son considerados "población perturbadora", dejándolos en la selva como en su cárcel, aislados, sin abasto ni atención, mientras se disminuyen sus bases de apoyo negociando, uno a uno, problemas económicos de corto plazo.

Una estrategia así requiere de una política eficaz para sostenerse: dar salida sólo a informaciones selectivas, sesgadas. Cuando se impide que circule la información completa para que cada quien juzgue, entienda procesos, sume observaciones, las compare, esa estrategia gana. Es la misma propaganda indirecta, la de guerra, que tan bien conoció Orwell. Afortunadamente no es fácil, y lo será menos conforme pase el tiempo. Las informaciones siguen saliendo... y perturbando la estrategia. Pero hay una palabra reciente, que revela mejor cuál es el camino que se quiere tomar: la palabra clave es "la reciprocidad", y quiere decir: "si yo te apoyo, tú tienes que apoyarme", o "yo sólo te apoyo, si me apoyas". Nada puede tener efectos más devastadores para la independencia de criterio, que semejante condicionamiento. Retorna silenciosamente y con nuevas caras, el último resabio de autoritarismo que pensamos que ya se había superado. La estrategia todavía no tiene éxito, pero está en marcha. Y ya ha minado no al EZLN sino a las bases de cooperación, que son tan necesarias cuando se busca el progreso social y se quiere forjar una esperanza de futuro democrático. Por eso hay hoy más crisis en Chiapas.

Cuando leo lo que he escrito, pienso en la lógica a la que conduce esa estrategia, y también prefiero pensar que el gobierno se ha equivocado y todavía puede retomar el camino de la negociación y las reformas que ha hecho a un lado. Hace unos días me entretuve mirando a unos niños que jugaban a subir corriendo unas escaleras eléctricas que bajaban, a mitad del camino, se volvían a mirar hacia atrás, y encontraban que, a pesar del enorme esfuerzo que habían hecho, en lugar de avanzar, habían retrocedido. Así estamos, pensé. Lo único que me animó fue que, a pesar de sus fracasos, hicieran otro esfuerzo para subir y lo lograron.

Solución política y voluntad democrática en el conflicto con el EZLN

Alán Arias Marín

E L CONFLICTO EN Chiapas ha atraído la atención de la opinión pública internacional, entre otras cuestiones, por tratarse de un retorno paradójico de la política revolucionaria. En un momento de convergencia mundial a favor de los procedimientos democráticos de participación, el movimiento del EZLN trajo de vuelta la figura de la rebelión armada, como la cita de una época que ha quedado atrás.

La atención prestada a Chiapas proviene también del interés por los procesos de cambio político y económico en México, país con creciente peso y significación internacional, así como de la preocupación por el estado de los derechos humanos que genera actualmente toda situación de enfrentamiento.

Para evitar generalizaciones que resultan de escasa utilidad para comprender la realidad de Chiapas es preciso conocer, ante todo, la dimensión del problema, pero también su significado. El conflicto derivado de la insurrección del EZLN se ubica efectivamente en algunos municipios de las zonas norte, Los Altos y Selva; no obstante, el gobierno mexicano ha reconocido al EZLN, con todas las implicaciones políticas de alcance nacional, como un grupo armado con el que es necesario mantener una interlocución a fin de evitar la violencia y dar oportunidad a su incorporación a la legalidad democrática.

El conflicto en Chiapas, en su ámbito propiamente político, es producto de una decisión equívoca por parte de un grupo de mexicanos que optó por la insurrección armada. Los miembros del EZLN interpretaron erróneamente el proceso político mexicano al intentar imponer por la fuerza cambios que correspondía decidir a toda la sociedad. En rigor se puede afirmar que en México los procesos de reforma política tendientes a la instauración de una democracia pluralista han servido y sirven de caja de resonancia para el discurso propagandístico del EZLN.

La proyección nacional, y en buena medida, las repercusiones internacionales del conflicto ocurren en el seno de la profunda evolución democrática del régimen político, encaminada hacia la afirmación de una institucionalización de la democracia en el país.

Los sucesos del 1o. de enero de 1994 sorprendieron al país, así como los planteamientos maximalistas del EZLN. Desde los primeros días del conflicto, el gobierno mexicano abrió una vía de conciliación con el cese al fuego decidido unilateralmente el 12 de enero. Sobre esa base se convocó a un diálogo capaz de propiciar la solución pacífica de las diferencias.

En términos esquemáticos el diálogo con el EZLN ha tenido dos etapas. En la primera se logró dar el paso de la lógica de enfrentamiento militar a la lógica de la negociación. En la segunda se institucionaliza la solución política del conflicto y se alcanzan los primeros acuerdos.

El presidente Zedillo inició su mandato con el ofrecimiento de plena disposición para resolver en términos políticos la situación generada por la presencia de un movimiento armado. Asimismo, definió como responsabilidad fundamental del gobierno atender las demandas sociales de las comunidades indígenas de Chiapas.

La primera propuesta se concreta en la promulgación de la Ley para el Diálogo, la Conciliación y la Paz Digna en Chiapas, iniciativa conjunta del Ejecutivo y el Legislativo que fue apoyada por todos los partidos políticos. Esta ley ha permitido reducir el conflicto al plano de la negociación al obligar al EZLN a aceptar los términos fijados por el Congreso de la Unión. En el ordenamiento legal que ampara las pláticas de paz se define al EZLN como un grupo mayoritariamente indígena de mexicanos que se inconformaron y se plantea claramente el marco jurídico para la solución del conflicto.

En ningún otro país se ha logrado establecer de manera tan rápida y oportuna una vía jurídica para resolver la ruptura del orden legal por parte de una insurrección armada. Siempre será mejor una larga negociación a un prolongado enfrentamiento entre connacionales. La ley para el diálogo y la conciliación posibilitó la firma de los Acuerdos de San Andrés Larráinzar, que prefiguran los términos para una nueva relación entre el Estado, la sociedad y los pueblos indígenas.

En el texto de los Acuerdos de San Andrés el gobierno y el EZLN se pronuncian conjuntamente por impulsar reformas en materia de derechos y cultura indígenas, tanto en el plano constitucional como en el de las leyes secundarias y en el nivel de las instituciones encargadas de la atención a las comunidades indígenas y personas que las integran. El respeto a los órdenes de gobierno constitucionalmente establecidos y a la igualdad jurídica de todos los mexicanos se constituyen, a lo largo de los documentos acordados, en los límites legales de los pronunciamientos políticos conjuntos, así como de los compromisos gubernamentales para el estado de Chiapas.

El proceso de transformación de los acuerdos políticos de San Andrés en reformas legales es competencia del Congreso de la Unión. La precisión de que estos acuerdos se turnaran a las instancias de debate y decisión nacional faculta al Poder Legislativo a realizar los cambios constitucionales imprescindibles para la consagración de los derechos indígenas en la Carta Magna.

La iniciativa de reforma constitucional en materia de derechos indígenas presentada por el jefe del Ejecutivo al Senado de la República, el 15 de marzo de 1998, otorga garantías para la plena participación de las comunidades indígenas en el desarrollo nacional. En la iniciativa presidencial se plantean derechos para la libre decisión de formas de organización social, de acuerdo con las tradiciones comunitarias; dominio directo de los recursos naturales con respeto a las formas de propiedad constitucionalmente establecidas; convalidación de sistemas normativos; y acceso pleno a la jurisdicción del Estado. Asimismo, se establecen diversos compromisos que asume el Estado mexicano, como el impulso al desarrollo equitativo y sustentable de las comunidades; el respeto a las culturas y el combate a cualquier forma de discriminación.

Con la presentación de la iniciativa de reformas constitucionales en materia de derechos indígenas se dio cumplimiento a lo pactado en San Andrés Larráinzar, realidad que el EZLN se niega a reconocer y distorsiona en su propaganda, quizá con el propósito de obstaculizar el proceso de pacificación.

Importa resaltar aquí la diferencia específica del comportamiento gubernamental del Estado mexicano en contraste con otros procesos de negociación habidos en América Latina. La caracterización de los actores y el sentido de los movimientos insurgentes permite esclarecer el contenido de las negociaciones y, consecuentemente, la naturaleza de las reformas que se incluyen en los acuerdos de pacificación.

En México no se negocia la resolución de una guerra civil y la refundación constitucional de un nuevo pacto social como en El Salvador. Tampoco el desmantelamiento de un Estado contrainsurgente con la obligada instauración de un nuevo aparato estatal civil como en Guatemala. A diferencia de estos países centroamericanos, en México se trata de resolver un conflicto político, a través de la reconducción incluyente de un grupo inconforme a los cauces de participación legal y el abandono de la amenaza de las armas como vía de presión política.

El gobierno federal tiene claro que la solución definitiva del conflicto supone asumir reformas que garanticen los derechos de los indígenas y la protección y promoción de sus usos y costumbres. No obstante, conviene tener claro también que esas reformas no implican un cambio del régimen político sino una profundización y refuerzo de la democracia mexicana, cuya trayectoria es patrimonio del conjunto de la sociedad mexicana y de las fuerzas políticas y sociales comprometidas con ese proceso.

Las reformas acordadas y/o las que puedan acordarse en la negociación con el EZLN, como las relativas a los derechos y la cultura indígenas o las de índole política y social, tienen y tendrán un carácter complementario, de refuerzo y perfeccionamiento inclusivo y participativo del régimen político democrático.

La problemática de Chiapas no se reduce a la interlocución entre el gobierno y el EZLN. Existe una ley que obliga a proseguir el proceso de negociación hasta la firma de un acuerdo de concordia y pacificación. De allí que el gobierno procure poner fin al estancamiento de las negociaciones mediante una propuesta permanente y reiterada de diálogo, sin condiciones entre las partes, así como ofertando medidas de distensión.

Los lamentables hechos de Acteal y sus antecedentes de violencia política, que juntos costaron la vida a más de 50 personas, hicieron necesaria la redefinición de la estrategia gubernamental para la pacificación de Chiapas a partir de un enfoque integral. En primer lugar, la Procuraduría General de la República ha desarrollado acciones para el castigo a los culpables de los crímenes del 22 de diciembre de 1997, así como a los ocurridos en esa zona con anterioridad. En segundo lugar, se ha actuado para reafirmar el estado de derecho y para mejorar la seguridad pública. Asimismo, se ha insistido en el fortalecimiento de la vía del diálogo y la negociación con el EZLN, al tiempo que se ha dado impulso a la legislación de los pueblos y las comunidades indígenas. Para el gobierno, la reconciliación de las comunidades mediante acuerdos, el retorno de los desplazados por el conflicto y la convivencia pacífica son también una prioridad.

En Chiapas la presencia de las instituciones de la República es la condición esencial para alcanzar la concordia. La estrategia gubernamental se define por el fortalecimiento de las políticas que responden a una circunstancia en la que el diálogo debe estar acompañado de iniciativas institucionales orientadas a garantizar la estabilidad y la convivencia pacífica. Las acciones del ejército mexicano vinculadas al conflicto con el EZLN son expresión de la responsabilidad constitucional del gobierno para mantener la estabilidad, garantizar la vigencia del orden legal y disuadir cualquier nuevo intento de ejercicio de la vía armada. La fuerza coactiva del ejército mexicano es la premisa para instrumentar una política de solución pacífica del conflicto. Es también la condición necesaria para la tolerancia del gobierno de la República para con la disidencia armada, virtud irrenunciable de todo Estado con pretensión democrática.

Es necesario reemprender el camino de la negociación sin escudarse en argumentos que sólo difieren la solución demandada por toda la sociedad. Sólo un diálogo que asuma el compromiso de alcanzar el objetivo de un acuerdo de concordia y pacificación, tal y como lo establece el ordenamiento que regula las negociaciones entre el gobierno y el EZLN, puede ser útil al propósito de restablecer la confianza y la seguridad en Chiapas y abrir cauces a la participación efectiva de las comunidades indígenas en la definición de su futuro.

El gobierno de la República no cejará en su empeño por alcanzar un acuerdo que permita cerrar definitivamente el paso a la violencia como método erróneo de presión política. Ésta es la razón del renovado esfuerzo por instrumentar tanto medidas de distensión, como de ofrecer elementos de un nuevo formato para agilizar el diálogo con el EZLN.

Las medidas de distensión y los llamados al diálogo ponen de manifiesto la voluntad del gobierno federal para alcanzar una solución negociada al conflicto en Chiapas. Se trata de iniciativas que aspiran a establecer un sentido de reciprocidad en bien de las comunidades indígenas y del avance político en una zona hasta ahora marginada del desarrollo democrático.

El gobierno federal ha dejado establecida su disposición a discutir con el EZLN todos los temas que a este grupo interesen, sin excluir ninguno, para reanudar el diálogo. En las propuestas gubernamentales al EZLN se incluyen las cuestiones militares, lo relativo a los grupos de civiles armados filozapatistas y antizapatistas, la liberación de los presuntos miembros del EZLN detenidos, el funcionamiento de la Comisión de Seguimiento y Verificación, así como la constitución de una instancia mediadora reconocida por las partes. El EZLN se ha negado a revisar los planteamientos del gobierno porque, en buena lógica, ello lo obligaría a intercambiar puntos de vista sobre los temas mencionados, mismos que dice considerar como los impedimentos para reanudar las negociaciones.

La ausencia de voluntad política de la dirigencia del grupo inconforme para avanzar en la solución pacífica y negociada del conflicto se hace patente no sólo al negarse a valorar las propuestas del gobierno, sino al establecer un círculo vicioso que anula toda posibilidad de diálogo. El EZLN manifiesta su imposibilidad de dialogar si antes no se encaran ciertos temas. Sin embargo, cuando el gobierno le propone discutirlos el grupo armado se niega a hacerlo, porque ello implicaría restablecer el diálogo. Y vuelta a comenzar...

El EZLN ha señalado explícitamente que no negociará con el gobierno si no se satisfacen las condiciones que unilateralmente ha impuesto. Tal aseveración muchas veces reiterada tiene implicaciones muy graves. En primer lugar, quebranta el código del diálogo que señala que ninguna de las partes podrá suspenderlo ni condicionarlo y que todo incidente deberá resolverse para no obstaculizar la negociación. En segundo lugar, vulnera la premisa de la ley respectiva, que no es otra que la de la continuidad de las negociaciones. La vigencia de la ley carece de sentido si no hay diálogo. El EZLN debiera sopesar las consecuencias negativas de su sistemática inobservancia de la ley para el diálogo y la negociación en Chiapas.

Pudiera ser que el gobierno se encuentre ante una diferencia por ahora irreductible con la dirigencia del EZLN. El espíritu que anima la ley para el diálogo, la conciliación y la paz digna en Chiapas es la incorporación del grupo inconforme a la legalidad democrática. Si ese supuesto es eludido por el EZLN, debido a su concepción de no aspiración al

ción suficiente es la posibilidad de castigo. Sólo así, el perdón y tal vez el olvido podrán producirse y ayudar así a que los hermanos antes enemigos no vuelvan, de nuevo, a producir una tragedia colectiva como la que se experimentó.

La paz es reconciliación. Es un proceso que va a tomar mucho tiempo y que requiere de la colaboración de todos. Esto último es sin duda la mayor de las experiencias que se pueden desprender de los procesos de paz en los tres países de Centroamérica que se envolvieron en gravísimos conflictos militares en el pasado reciente.

de Estado. Influyó en el fin del conflicto el virtual empate militar de los contendientes. La imposibilidad de la victoria se produjo en una sociedad cansada de la violencia.

Las cosas fueron relativamente distintas en Guatemala, al menos por dos razones. Una, la dependencia menos directa del ejercito nacional de la ayuda extranjera. Otra, la debilidad de la guerrilla unificada tardíamente en la URNG. Se habla de que experimentó una derrota militar, durante la ofensiva de 1982 y 1983, en donde murieron más de 50,000 indígenas. Algunos grupos campesinos eran base de apoyo social, pero en la ofensiva el ejército no distinguió a unos de otros.

Algunas lecciones arrojan estas dos últimas experiencias. La primera es que la guerrilla sólo tuvo éxito en sus negociaciones cuando lo hizo con gobiernos civiles, resultado de elecciones democráticas. Frente a gobiernos militares no hubiera sido posible. La otra, es que la población estaba harta de tanta destrucción sin resultados. Existía el convencimiento no siempre explícito de que las causas del conflicto no habían desaparecido, y que en más de algún aspecto se habían agravado.

Finalmente, uno de los temas más difíciles es el conocimiento de la verdad de lo ocurrido. La tragedia centroamericana no tiene paralelo. Fueron más de 350,000 muertos y desaparecidos, más de un millón de migrantes y una cantidad similar de desplazados. Pero sobre todo, crímenes contra la población civil. En Guatemala, sólo el 8 por ciento de las víctimas fueron combatientes caídos en combate. La contabilidad letal incluye incomprensibles casos de mujeres y niños ajenos y lejanos al combate. Conocer la verdad de lo ocurrido ha sido considerado con razón como la condición necesaria para alcanzar la reconciliación nacional. La condi-

señalar responsabilidades personales por los delitos cometidos con ocasión de la guerra.

Sin embargo, en Guatemala se discutieron durante ese largo periodo algunos aspectos importantes que en conjunto constituyen una propuesta de cambio social, casi un proyecto para una nueva sociedad. Por ejemplo, fueron importantes El Acuerdo sobre Identidad y Derechos de los Pueblos Indígenas, que definen a la sociedad guatemalteca como una sociedad multiétnica, el Acuerdo sobre Aspectos Socioeconómicos y, casi al final del trayecto, el que se refiere al Fortalecimiento del Poder Civil y las Nuevas Funciones del Ejército en una Sociedad Democrática.

El precio de la paz

Las dificultades para recorrer el camino que conduce a la paz exhiben, en cada uno de estos tres ejemplos, la perversa originalidad de tales obstáculos. No se trata de un asunto de voluntades finalmente compartidas. En la experiencia de Nicaragua dependió directamente de la decisión norteamericana de otorgar/debilitar el respaldo a la tropa contrarrevolucionaria. Fue una guerra que no buscó la victoria militar sino el desgaste del gobierno sandinista, que militarmente nunca tuvo problemas. Ellos fueron de naturaleza socioeconómica, terreno en donde se desacreditó la revolución.

La dependencia casi total del ejército salvadoreño de la ayuda norteamericana también fue un factor que influyó en la etapa final de las negociaciones. El ejército se opuso siempre a dialogar sin el previo desarme de la guerrilla. Tuvo que aceptar eso y muchas otras cosas más que rechazó de manera sistemática. El acuerdo que aceptó el presidente Cristiani, en otro escenario, habría significado simplemente un golpe

paso significativo porque es importante que se sienten en la misma mesa, a conversar, dos fuerzas enemigas, que en otro escenario se enfrentaban para la muerte recíproca. Sin embargo, las negociaciones en El Salvador fueron intensas pero más breves que en Guatemala y no tardaron más de dos años y medio. En Guatemala fueron más de nueve años pero tuvieron un contenido más sustantivo.

En ambos casos, las partes en conflicto implementaron el desarme y el cese al fuego. Véase sólo un ejemplo de las diferencias entre ambos escenarios. El cese al fuego la guerrilla salvadoreña sólo lo aceptó después de firmada la paz; en cambio, la URNG la ofreció en marzo de 1996, nueve meses antes que oficialmente terminara el conflicto. Dicho de otra manera, cuando el acuerdo final se firma en Chapultepec en enero de 1992, todavía se causaban muertos entre sí el ejército salvadoreño y las guerrillas del FMLN. En ambos casos, también se discutieron y se negociaron algunos temas que tenían que ver con las causas del conflicto: la pobreza, la tierra, el gasto militar, la democracia, el estado de derecho, etcétera. Finalmente, en los dos países, fueron gobiernos de derecha, electos durante el conflicto, los que realizaron exitosamente el esfuerzo de paz.

Las negociaciones salvadoreñas acordaron varios puntos relativos a la reforma institucional. Quisiéramos señalar dos aspectos que revelan la fuerza negociadora del FMLN: lograron imponer una reducción del 50 por ciento en las fuerzas armadas así como la constitución de una Comisión de la Verdad que describiera situaciones y mencionara responsables de crímenes y violaciones a los derechos humanos. La negociación guatemalteca fue más débil. Se acordó una disminución del 30 por ciento y la formación de una Comisión de Esclarecimiento Histórico, sin facultades de

presidenciales, donde el presidente Daniel Ortega fue cediendo paulatinamente. El éxito de los acuerdos de Esquipulas II firmados en 1987 se debió, en los detalles que se conocen, a la extrema debilidad del gobierno sandinista, arruinado por una profunda crisis económica resultado de la guerra.

Los tres procesos de paz tienen en común el que los conflictos que resuelven fueron en parte el resultado de la guerra fría y de la presencia norteamericana/cubana. Obviamente en una relación asimétrica, pues la influencia cubana nunca alcanzó las dimensiones que adquirió en Nicaragua y El Salvador la intervención de los Estados Unidos al financiar directamente las operaciones militares. Cuando la guerra fría terminó, los conflictos que enfrentaban a las dos superpotencias terminaron. Los últimos conflictos en resolverse fueron los de Centroamérica, sin duda porque tenían profundas raíces locales y no obedecían solamente a una pugna geoestratégica.

Los procesos de paz tuvieron una dimensión internacional muy favorable. Ella empezó con las iniciativas del Grupo de Contadora a mediados de los ochenta, que hizo propuestas para evitar la generalización del conflicto regional, propuso el diálogo y alentó las transiciones democráticas. Continuación de ese clima fue el proceso de Esquipulas II en 1987, valiosa iniciativa de los presidentes de la región. También tuvieron en común la presencia de las Naciones Unidas como fuerza mediadora primero y verificadora después.

La voluntad de sentarse a negociar en los casos de Guatemala y El Salvador comienza muy lentamente. Empieza por algo que hemos calificado como un diálogo sin negociaciones. Se sentaron muchas veces, dialogaron, pero no negociaban nada. Sin embargo, esto fue un primer paso, un

El carácter de las negociaciones

Sin duda en Nicaragua cuando los sandinistas negocian con los *contras*, luego autodefinidos como Resistencia Nacional, están poniéndole fin a una guerra de intervención extranjera, un conflicto de baja intensidad entre una gran potencia y un pequeño país. En cambio, cuando el FMLN firma la paz en Chapultepec, en enero de 1992, le da término a una auténtica guerra civil. El FMLN fue una guerrilla que nunca pudo ser derrotada ni perdió la iniciativa, que fue capaz de tomar dos veces en 15 días la ciudad de San Salvador (noviembre de 1989), sin que el ejército, armado y dirigido por los Estados Unidos, fuera capaz de impedirlo. Finalmente, en Guatemala, al firmarse el Acuerdo de Paz el 29 de diciembre de l996 entre el gobierno de Álvaro Arzú y la comandancia de la Unión Revolucionaria Nacional Guatemalteca (URNG) están terminando *dos procesos analíticamente distintos*: el fin de un conflicto armado que ya prácticamente no existía y al mismo tiempo el fin del poder contrainsurgente. Se terminaba de hecho una época, un largo periodo de 36 años que no fue siempre de conflicto armado, pero el Estado tuvo la característica de imponerse mediante una estructura represiva contra la oposición democrática.

En consecuencia, las negociaciones de paz en Nicaragua fueron urgentes. En marzo de l989, en Sapoá, la Resistencia Nacional se comprometió a desarmarse en un periodo de tres meses y el Frente Sandinista a convocar a elecciones en 1990. Los *contras* no honraron su compromiso ni siquiera tres meses. El FSLN, en cambio, convocó a elecciones, las perdió y entregó el poder a la coalición ganadora, encabezada por doña Violeta Chamorro. Las primeras pláticas de paz entre el gobierno sandinista y la guerrilla contrarrevolucionaria tardaron pocos meses y fueron completadas en sucesivas cumbres

El carácter del conflicto

Ninguno de los tres conflictos se parece entre sí. El más disímil es el de Nicaragua, donde se pelea una guerra claramente contrarrevolucionaria. Allí, los Estados Unidos armaron tempranamente, hacia 1981, a los grupos de ex guardias somocistas que se refugiaron en la frontera con Honduras. Hacia 1983 un pequeño ejército bien armado y logísticamente asegurado peleaba en la región de Las Segovias, provocando la reacción defensiva donde el gobierno sandinista tuvo que movilizar todo su esfuerzo. En l985 los grupos "contrarrevolucionarios" o *contras*, como se les llamó, se habían fortalecido con el apoyo de campesinos ex sandinistas o de población descontenta con la bancarrota política del gobierno.

En El Salvador se desencadenó a comienzos de l980 una ofensiva guerrillera dirigida por el Frente Farabundo Martí para la Liberación Nacional (FMLN), que logró casi de inmediato un fuerte apoyo rural, a cambio de perder parte de su importante respaldo urbano. En este país se desarrolló una típica guerra civil, de acuerdo con lo que la ciencia política y el derecho internacional entienden por tal: mandos militares unificados, permanencia en el tiempo, espacios geográficos propios, población de retaguardia de apoyo, enfrentamiento constante en el interior del espacio nacional, etcétera.

En Guatemala, en esa misma década de los ochenta tiene lugar la segunda erupción guerrillera, que se produce en el interior de un largo periodo de represión sistemática, de un orden político contrainsurgente, que 15 años antes ya había tenido una primera experiencia guerrillera entre 1965 y 1968. A partir de 1963 se gesta en Guatemala un Estado militar anticomunista, que controló el poder hasta 1985, de hecho, hasta l996. La segunda ola guerrillera es enfrentada por el ejército con una política de tierra arrasada.

Centroamérica en paz

Edelberto Torres-Rivas

E L PROPÓSITO del presente ensayo es hacer una rápida comparación entre los tres países centroamericanos donde hubo guerras o conflictos armados, procesos de negociación y finalmente, acuerdos de paz. Nos referimos a Nicaragua, El Salvador y Guatemala. Recordemos que no por tratarse de procesos sincrónicos en sociedades fronterizas y con similares problemas en su formación histórica, las causas y las modalidades de los conflictos fueron las mismas. *Ni la naturaleza del conflicto ni la manera de alcanzar su fin, se parecen.* Pondremos en consecuencia el énfasis en lo que es más importante, es decir, en las diferencias.

Una primera pregunta es obvia: ¿a qué se le pone fin en esos países cuando se negocia la paz? En el exterior se tienen opiniones erróneas o informaciones muy simplistas y se tiende a hacer generalizaciones fáciles. Se dice que en los tres países hubo una misma conspiración extranjera que movió los hilos para desencadenar desórdenes que pusieron en aprieto la política exterior norteamericana. ¿No es acaso una casualidad que en la década de los ochenta el incendio de la guerra se produjera al mismo tiempo en tres países de una pequeña región? ¿No llama la atención que hubiera en todo esto actores marxistas y anticomunistas peleándose bajo el estímulo de la guerra fría?

poder político en su acepción moderna (pluralidad política; competencia electoral; y participación social), al reivindicar la marginalidad y los microespacios de poder (voluntad general y exclusión de las minorías; movilización social; y asambleísmo y consultas plebiscitarias), entonces, estamos ante una disidencia a ultranza que encuentra serios problemas para su conversión en oposición leal.

No obstante, la decisión estratégica del gobierno mexicano de resolver el conflicto pacíficamente mediante el diálogo y la negociación, así como su empeño por afirmar el procedimiento legal como la vía idónea para la solución política de la inconformidad extrema del EZLN es la confirmación de la fortaleza del Estado democrático mexicano. En medio de transformaciones decisivas, México reivindica su vocación reformista.

Lograr el entendimiento, con los instrumentos de la racionalidad política y la legalidad democrática, como lo exige la inmensa mayoría de los mexicanos, es el único camino para avanzar rápidamente hacia una solución pacífica del conflicto en Chiapas.

La cuestión indígena y los procesos de paz en Centroamérica y México

El acuerdo indígena y la firma de la paz en Guatemala

ROGER PLANT

E N MI BREVE exposición voy a desarrollar el contexto, algunos antecedentes, y explicar hasta qué punto la experiencia en Guatemala es muy positiva y es considerada como un éxito a nivel mundial, en lo que se refiere a la búsqueda de solución de problemas étnicos vinculados a procesos de paz. Centraré el análisis en el Acuerdo sobre Identidad y Derechos de los Pueblos Indígenas, lo que voy a denominar el "acuerdo indígena". Pero también, por la relevancia que tiene el que todos los actores y todas las partes han dado al tema de la "interculturalidad", es preciso tenerlo presente en el proceso de paz en Guatemala.

El acuerdo es sólo uno de los varios acuerdos firmados dentro del proceso de paz guatemalteco (incluyendo un acuerdo socioeconómico, y un acuerdo sobre el fortalecimiento del poder civil) que prestan importancia al tema étnico. También Guatemala es un laboratorio para los conceptos de los derechos indígenas y para la creación de una sociedad y una nación multicultural, multiétnica y plurilingüe, en este continente y en el nivel mundial.

Tanto en Guatemala como en Chiapas, un tema muy debatido ha sido el significado y el alcance de las autonomías. Algunos compromisos del acuerdo indígena se refieren al estatus y capacidades jurídicas de las comunidades y autoridades locales, o al fortalecimiento de las instituciones tradicionales indígenas. Las organizaciones indígenas tuvieron que enfrentar un dilema: ¿cómo se puede, por un lado, luchar por algún tipo de autonomía, y al mismo tiempo buscar reconstruir la nación entera y luchar contra la exclusión social? Hay que tomar muy en cuenta lo que exactamente quiere decir "autonomía" en el contexto guatemalteco.

El acuerdo indígena de Guatemala tiene varias fuentes. En primer lugar, el Convenio 169 de la OIT, una parte del cual está textualmente repetida en el acuerdo. En segundo lugar, un documento que fue preparado por las propias organizaciones indígenas. Ellos presentaron un borrador del acuerdo a la Asamblea de la Sociedad Civil, creada en el año 1994 para fortalecer la participación civil en la negociación. Pone una gran parte del énfasis en la identidad y los derechos culturales. Y en el tercer lugar, algo muy importante para el caso de Guatemala fue que algunos asesores del gobierno estuvieron convencidos que la única manera de tener un país estable, es justamente reformular muchos aspectos legales e institucionales del país con las establecidas en las instituciones, valores y cultura indígena. Estos asesores estuvieron pensando no tanto en autonomías en términos de derechos de los pueblos indígenas como un sector aparte, sino en la reconceptualización de un país multiétnico.

Otro elemento a tener presente es la dicotomía entre lo nacional versus lo local. En la discusión del caso chiapaneco están más claras las diferencias entre "el país" y "lo local". Obviamente, en Guatemala la demografía demuestra –por la densidad de la población indígena, y su grado de inserción en todos los aspectos de la economía nacional– que el tema indígena es parte de una problemática nacional y de ninguna manera local.

Hace algún tiempo yo tuve la oportunidad de participar en la preparación y redacción del Convenio 169 de la OIT, que ha sido un instrumento de muchísima importancia tanto para México como para Guatemala. Efectivamente, se tiene que considerar cuáles son las implicaciones de un convenio sobre los derechos indígenas en un país como Guatemala, donde los indígenas son mayoritarios o casi mayoritarios. Hay algunos que dicen que no hay diferencia entre países donde los indígenas son mayoritarios o minoritarios. Pero yo creo que sí las hay. Para la elaboración de políticas étnicas o interétnicas, es muy importante tomar en cuenta no solamente el porcentaje de los indígenas sino también la historia de la integración de los indígenas dentro de la sociedad y los diferentes tipos de problemas socioeconómicos que han surgido en los últimos tiempos.

¿Cuáles son las especificidades de Guatemala? Voy a mencionar solamente siete puntos que me parecen los más importantes.

Primero, la mayoría de la población es indígena. En segundo lugar hay 22 diferentes etnias. Los mayores son los pueblos K'iche, Kaqchikel, Q'eqchi y Mam, pero hay muchos más que son minoritarios. En tercer lugar, hay una pobreza extrema indígena que se ha estado agudizando en los últimos años. Un caso muy particular en Guatemala es la pérdida de tierras. La gran mayoría de los indígenas están sin tierras, o su pobreza es tal que los indígenas no pueden ganar su sobrevivencia a través del cultivo de sus tierras, por lo que hay que tomar en cuenta el papel jugado por los indígenas en la economía. En cuarto lugar, los indígenas ganan más del 80 por ciento de sus salarios en la mayoría de los casos fuera de la agricultura. Como quinto aspecto, tienen una amplia participación en la migración, tanto a las ciudades como al exterior, por ello las estrategias de sobrevivencia son muy importantes. Como sexta característica está la urbanización, donde quizás la tercera parte de la población de la ciudad capital de Guatemala es ahora indígena, por lo que su densidad señala que no se puede considerar el tema indígena como un aspecto local, aun cuando se esté desarrollando el debate de las perspectivas de la autonomía. En séptimo lugar está la superposición cultural, pues nunca ha habido respeto ni para el derecho indígena ni para los idiomas indígenas, ni para ningún aspecto de sus instituciones en los últimos años. Obviamente hay que tomar en cuenta los resultados de la guerra civil con la pérdida de más de 100,000 vidas, la gran mayoría de las cuales fueron indígenas. Estos elementos determinan el contexto guatemalteco.

Respecto al acuerdo indígena, hay que tener presente que fue negociado rápidamente entre las partes, entre octubre de 1994 y marzo de 1995. Fue negociado por los miembros de la URNG y por el gobierno con la participación de tres generales del ejército. En otras palabras, un instrumento que busca reformas al modelo de Estado (construido con base en el respeto para los valores y cultura indígena, y con la participación de las instituciones indígenas en la reconstrucción democrática) contó con el aval de la institución castrense.

En este sentido, el acuerdo indígena de Guatemala retoma algunos principios que figuran en la emergente legislación internacional sobre los derechos indígenas. Considero fundamental hablar brevemente sobre tres de estos instrumentos, el Convenio 169 de la OIT, y los borradores de declaraciones de la ONU y la OEA sobre derechos indígenas. El proyecto de la ONU quizás pone su énfasis principal en los derechos indígenas como un concepto aparte, destacando las diferencias entre indígenas y los demás. Pero yo he observado una cierta tendencia que está implícita en el convenio de la OIT, y que es más explícita en el borrador de la declaración de la OEA, que hace énfasis en el papel jugado por los pueblos indígenas en la construcción de los valores democráticos y en la posibilidad de crear un Estado verdaderamente democrático. Se focaliza en el papel que juegan los indígenas en la reformulación de las instituciones democráticas (en lo civil, en lo político, en lo económico, en lo cultural) en América Latina, y su función en el conjunto de la sociedad.

Quisiera hablar sobre la implementación del acuerdo indígena en Guatemala, pero no hay tiempo. Voy a concluir mencionando que una de las dificultades más grandes que han surgido en los últimos meses en Guatemala, es para los indígenas decidir hasta qué punto quieren formar sus propias instituciones, y hasta qué punto concentrar sus esfuerzos en una mejor participación en las instituciones existentes y la lucha contra la discriminación. Había una cierta tensión en el país, en todos los aspectos del proceso de implementación de la paz, especialmente respecto a las reformas constitucionales aprobadas por el Congreso a finales de 1998.

Como algunos se dan cuenta, un enfoque limitado en los aspectos políticos o administrativos de autonomía, que no toma en cuenta la situación económica y social de los indígenas de hoy, podría ser altamente contraproducente. Podría promover un cierto "ghettismo" sin enfrentar las raíces profundas de la discriminación étnica en Guatemala. Para ellos el reto principal es nacional, participar en todas las instituciones según sus propios valores y principios indígenas, no para ser absorbidos por un Estado excluyente y asimilacionista sino de ahí cambiar el Estado y hacerlo verdaderamente multicultural e incluyente.

Los indígenas y la reconstrucción de la nación en Guatemala

Manuel Salazar Tetzaguic

GUATEMALA está ubicada geográficamente en el área central del territorio mesoamericano, en el cual se desarrollaron diversos pueblos y culturas, entre los cuales sobresalió la cultura Maya, la que es actualmente practicada por los pueblos indígenas de este país. La aparición del concepto jurídico sobre el indígena, y consecuentemente los tratamientos social, político, cultural y económico derivados del mismo, se dio en Guatemala en el momento que la invasión española hizo contacto con los pueblos y naciones existentes en el territorio. Antes no había indígena. Había pueblos y naciones. La venida de los españoles estableció la figura de indígena y desde ahí viene el problema del reconocimiento o no, o de las condiciones en que sobreviven y se relacionan con la sociedad española.

A partir de ahí, los procesos de construcción de la nación y el Estado guatemalteco se han dado sin la participación de los indígenas en la toma de decisiones. Pero a raíz de que se acepta la filosofía y la práctica de la democracia, más el fortalecimiento de los derechos humanos, hacen ineludible e irreversible el reconocimiento pleno de los pueblos indígenas, su derecho de desarrollarse en el marco de sus lenguas y cultura, y a la vez permitiendo su participación en la construcción de nuevas formas de relación social, política, económica e intercultural entre todos los pueblos y comunidades que conforman la nación. El 31 de mayo de 1985, 461 años después de la venida de los españoles al país, y 164 años después de la declaración de independencia, la Asamblea Nacional Constituyente promulgó la nueva Constitución política de la República que rige actualmente el Estado en Guatemala. Esta Carta Magna reconoce por primera vez que Guatemala está formada por diversos grupos étnicos, en los que figuran los grupos indígenas de ascendencia Maya, y enumera los aspectos de la cultura de las comunidades indígenas que el Estado reconoce, respeta y promueve. Se establece su forma de vida, formas de organización social, costumbres, tradiciones, el uso del traje indígena en hombres y mujeres, idiomas y dialectos.

Para Guatemala fue un gran avance el que la Constitución reconociera la existencia de comunidades indígenas. No es ésta la solución de toda la problemática, pero fue un gran salto y además la Asamblea Constituyente tuvo, por primera vez, representatividad de los pueblos Mayas. Las constituciones anteriores no reconocieron a las comunidades indígenas como tales, y solamente fueron mencionadas como personas sujetas para ser asimiladas en las estructuras políticas y culturales establecidas por la sociedad dominante. Para buena parte de la historia del país, esta condición fue una fortaleza. Pero en el nuevo orden de los derechos humanos, esto se convierte en una debilidad de la nación. Ahora ya no puede haber comunidades o pueblos subyugados o excluidos. Es difícil mantener una nación estable si se mantienen esas estructuras atrasadas de dominación.

El 31 de marzo de 1995, dentro del proceso de diálogo para la paz firme y duradera de Guatemala, se firmó en Tlatelolco, México, el Acuerdo sobre Identidad y Derechos de los Pueblos Indígenas. Una de las críticas que le hicieron al acuerdo antes y después de su suscripción fue que no era necesario el tratamiento del tema indígena en vista que la

Constitución ya establecía principios de importancia para los indígenas y para la nación guatemalteca. Sin embargo, la Constitución no ha sido respetada (éste es otro de los problemas que tiene el país). El acuerdo establece compromisos sobre derechos civiles y políticos, culturales, sociales y económicos de los pueblos indígenas, lo cual incluye cinco reformas a la Constitución que consisten en:

Primero: Reconocer el carácter multilingüe, multiétnico y multicultural de la nación.

Segundo: Reconocer la identidad de los pueblos Maya, Quaricuna y Xinca dentro de la unidad e indivisibilidad del Estado guatemalteco.

Tercero: Reconocer la espiritualidad maya que ha sido excluida de las libertades que deben gozar las comunidades.

Cuarto: La oficialización de los idiomas indígenas en sus territorios lingüísticos, y

Quinto: el reconocimiento de la normatividad jurídica maya en el sistema de justicia.

Otros compromisos fundamentales son:

–El impulso de una estrategia de mercado de tierras que realmente beneficie a las familias campesinas e indígenas, dada la dificultad que hay para establecer una reforma agraria. Si se implementara una reforma agraria, podría desencadenarse otro conflicto más grave que afectaría la estabilidad del país. Esto se consideró por parte de muchos dirigentes indígenas una gran debilidad del acuerdo, pero también en los acuerdos se buscan acuerdos con la contraparte. O sea, no se buscan compromisos rigurosos que después no se pueden cumplir y que podrían revertir o involucionar el proceso. En Guatemala es muy delicado, primero, no prohibir el derecho verbal, y segundo, no hacer promesas difíciles de cumplir.

–La reforma global del sistema educativo, cuyo diseño estaría a cargo de una comisión paritaria entre representantes indígenas y del gobierno de la República (este diseño ya fue entregado y ya está iniciando su cumplimiento).

–El impulso de una política de erradicación de la discriminación étnica, cultural y de género. Algunos opinaron que con sólo erradicar la discriminación étnica, cultural y de género ya se resolverían muchas cosas.

–Iniciar el proceso de reconceptualización del Estado y la nación. Un proceso de restitución o compensación de tierras comunales arrebatadas principalmente a las comunidades indígenas en la primera mitad del siglo XX.

El proceso de cumplimiento de los compromisos establecidos en los acuerdos de paz en general, y en el acuerdo indígena en particular, han tenido sus avances y dificultades. Entre los avances, está la desmovilización y la reiniciación de la guardia de "Ejenco", o sea, la inclusión a la vida política del país, que ya hace un mes está constituido legalmente como partido político. Las conformaciones paritarias y específicas para desarrollar los documentos, condensado sobre la base de amplias consultas y construir estos documentos en instrumentos para el cumplimiento de compromisos. Entre estas comisiones, menciono la Comisión para el Fortalecimiento de la Justicia, y la Comisión de Esclarecimiento Histórico de la Violación a los Derechos humanos. Esta comisión está muy vinculada al trabajo de la Comisión de la Verdad. Entre los obstáculos se encuentra el caso de la muerte del monseñor Luis Gerardi y cómo esto tiene que ver con el esclarecimiento histórico. Lo importante a señalar es que se ha demostrado que los países que tienen mejor niveles de vivencia democrática, tienen también mejores niveles de claridad en su historia. No me refiero a saber qué sucedió con los enfrentamientos armados sino al esclarecimiento de la historia. Es uno de los elementos sustanciales de la democracia.

Otros elementos muy importantes del proceso de paz son los reasentamientos de poblaciones desarraigadas por el enfrentamiento armado interno y la oficialización de los idiomas indígenas. Algo muy grave en Guatemala para los pueblos indígenas es la prohibición para poder usar su lengua. Aunque no seamos lingüistas, es necesario tener presente lo que significan esos códigos construidos en la mente y el corazón de los niños, para interpretar y clasificar el universo y luego decirles "no, ésta no es la lengua de tu educación". Esto va en contra de los derechos humanos.

Como ejemplo de otras dificultades está la fuerte oposición de sectores tradicionales de la población, principalmente los que tienen niveles de poder superiores al Estado. Se han lanzado opiniones y "advertencias" por parte de algunos grupos políticos, de considerar el cumplimiento de los acuerdos sobre derechos indígenas como un proceso de construcción de un Estado dentro del Estado guatemalteco, o bien iniciar institucionalmente un proceso de balcanización dentro del país.

Otra de las dificultades más recientes es la suspensión temporal por parte de la corte de constitucionalidad de la consulta popular de las reformas constitucionales aprobadas por el Congreso. Esto obliga al gobierno, a los partidos políticos y a las organizaciones de la sociedad civil, a madurar más su participación para lograr el cumplimiento de los acuerdos.

Los indígenas ante el conflicto chiapaneco

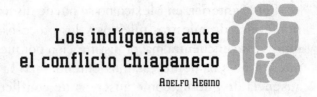

Adelfo Regino

UANDO HABLAMOS de la cuestión indígena, nos referimos a los problemas, dificultades y angustias que sufrimos los 56 pueblos indígenas que habitamos en este país. Pueblos cuya historia y raíces son las más profundas de estas tierras y que en muchos casos fueron gravemente dañados y agredidos desde hace más de 500 años. Pueblos en donde la realidad es cruda y dolorosa por la marginación, explotación, y en todo caso, lo que nuestros amigos sociólogos y antropólogos han llamado el colonialismo interno. Pero también, es justo reconocerlo, se trata de pueblos con una inmensa y enorme esperanza en el futuro. Con una profunda claridad hacia proyectos de liberación que permitan un crecimiento armonizado y benéfico para todos.

Desgraciadamente, por las condiciones de vida y las circunstancias diversas en las que se desenvuelven nuestros pueblos, es en nuestros ámbitos territoriales donde les ha tocado actuar a las guerrillas o los ejércitos revolucionarios en Guatemala, Nicaragua, Colombia y ahora en México. Por ejemplo, es en la región indígena de Chiapas en donde le tocó prometer al EZLN. Y es en Oaxaca donde actúa el Ejército Popular Revolucionario. Esto mismo se ha repetido en diversos puntos de la geografía mundial, debido a las condiciones materiales y políticas a los cuales han sido sujetas nuestras poblaciones.

Por lo anterior, en México no se puede disociar la cuestión étnica de nuestros pueblos y los procesos de paz. Y quizás esto encuentra mayor justificación porque en el caso nuestro no solamente estamos entendiendo la paz como ausencia de guerra, como ausencia de conflicto armado, sino fundamentalmente como la vigencia de condiciones globales para tener una vida digna y feliz tal como lo dicen los documentos de la UNESCO. Y el recordatorio fue muy doloroso para los mexicanos. El levantamiento armado del 1o. de enero de 1994, hizo que tanto el gobierno mexicano como la sociedad pudieran voltear hacia nosotros. Puede cuestionarse el camino, como diría el subcomandante Marcos, pero de ninguna manera pueden cuestionarse las causas. Esto es válido hoy para muchos mexicanos.

Comprender esta situación, esta asociación que hay entre la cuestión étnica y la cruda realidad en la cual atraviesa hoy el proceso de paz es muy importante. Y es sumamente importante porque en esa medida se van clarificando los pasos que hay que dar. Y uno de los pasos que muchos hemos cuestionado, es la lógica de achicamiento que ha habido desde la estrategia de paz del gobierno federal. Esta lógica de achicamiento evidentemente no ha tenido los resultados deseados. Por ejemplo, se dijo que el levantamiento armado tenía efectos e implicaciones sólo en cuatro municipios chiapanecos. Esta visión evidentemente no progresó. No tuvo sentido tampoco querer reducir la negociación únicamente al estado de Chiapas, dado que el asunto indígena es un asunto de carácter nacional. Tampoco tuvo sentido reducir las demandas del EZLN a un contexto netamente local, por eso es que una estrategia verdadera de pacificación debe ser racional, en la medida en que se deben de atender los conflictos que dieron origen a la misma, ya que todos ellos tienen profundas raíces en diversas regiones de nuestro país. También debe ser integral, porque no se pueden hacer de lado las preocupaciones que los propios zapatistas han planteado sobre la mesa, como es el caso de la democracia y la justicia.

Por todo lo anterior, no es posible enfocar las exigencias zapatistas únicamente al ámbito de la cuestión indígena. Algo muy rico y muy importante en estas negociaciones ha sido la participación de los verdaderamente interesados, los indígenas. Creo que esto es lo que hace sumamente rico el proceso de negociación. Esto también hizo rica la negociación en la mesa de derechos y culturas indígenas, ya que en esa mesa participamos varios representantes indígenas del país, tanto del lado del EZLN como del lado del gobierno federal. Y esto es muy importante remarcarlo: la participación indígena en la mesa de San Andrés Larráinzar, tanto del lado del EZLN como del lado gubernamental, fue algo decisivo. Y por eso los Acuerdos a los que se arribaron son acuerdos en los cuales hubo un consenso hacia todos. Esto hace que los acuerdos de San Andrés Larráinzar sobre derechos y cultura indígena tengan un peso importante y un peso especial. Y por eso en especial debe de exigirse su respeto dentro de los diversos sectores, tanto los que estuvimos del lado del EZLN a través de las asesorías, como de los hermanos indígenas que estuvieron también asesorando al gobierno desde esta trinchera.

No respetar lo que se acordó en San Andrés en la mesa de derechos y cultura indígena, evidentemente es lo que ha estancado todo el proceso de negociación. ¿Por qué, desde nuestro punto de vista, no es concebible una negociación si no existe el respeto a la palabra? Porque si éste no existe, ¿cómo podemos cultivar la confianza?, ¿cómo podemos seguir avanzando? Para nosotros los indígenas es muy importante que se recupere este valor de respeto a la palabra empeñada. Esto facilitaría el proceso de pacificación en el sureste mexicano. Y esto, a su vez, pasa por el cumplimiento cabal de los Acuerdos de San Andrés. Cumplimiento que no se acota únicamente con la reforma constitucional, sino tiene que ver con la reforma legal en el plano de las leyes secundarias y tiene que ver también con una reforma institucional profunda. Una reforma que permita que las normas constitucionales y legales en el nivel secundario tengan una expresión en las instituciones del Estado mexicano.

En este aspecto es muy importante redefinir, y que el gobierno federal reconsidere la propuesta que envió al Congreso, y remarcar la viabilidad de la propuesta de la Comisión de Concordia y Pacificación (COCOPA) elaborada el 29 de noviembre de 1996. Es muy importante porque hay notables diferencias entre la iniciativa del presidente Zedillo y la iniciativa de la COCOPA. Si se analiza la iniciativa del presidente, hay de nueva cuenta una lógica de achicamiento. Su iniciativa habla de la autonomía de las *comunidades* indígenas.

Y la propuesta de la COCOPA y los Acuerdos de San Andrés hablan de la autonomía de los *pueblos* indígenas. No es lo mismo autonomía de los *pueblos* indígenas, que autonomía de las *comunidades* indígenas. Una comunidad indígena es una localidad concreta, es como hablar de la autonomía de mi comunidad que se llama Alutepec Mijen. Hablar de la autonomía de los pueblos indígenas es algo más amplio. Sería como hablar de la autonomía del pueblo Mixe. Y esa autonomía no significa separatismo, no significa balcanización. Quienes han dicho esto es porque tienen mala fe o no quieren entender la dimensión del problema. Y cuando no hay voluntad para entender la verdadera dimensión del problema, no podemos llegar a soluciones.

Los zapatistas han decidido realizar la consulta nacional el próximo 21 de marzo de 1999. Una consulta nacional con un propósito evidentemente pacifista, un propósito que puede permitir a que arribemos a otra participación en donde seguramente el Congreso de la Unión tiene que jugar un papel muy importante. Por eso es muy importante remarcar que los derechos indígenas no son una cuestión que se puede disociar ni separar, que el reconocimiento constitucional de los derechos indígenas quiere quedarse necesariamente en el marco de una estrategia de paz en el nivel global y nacional. Y para esto tenemos que seguir caminando, y seguramente el gobierno federal tiene que caminar para cumplir sus promesas. Una de ellas, muy importante, es la desmilitarización. Nadie puede negociar con la pistola en la cabeza. Y si fuese así, en términos jurídicos sería un acto viciado y no podría ser un acto jurídico válido, ni surtiría efectos.

La reforma indígena tiene que englobarse en un marco general de exigencia de paz y democracia para todos los mexicanos, sólo así es como en el futuro se pueden evitar conflictos en nuestras regiones. Éste es el camino para evitar desgastes y lamentaciones posteriores.

Chiapas: el estado de derecho y la legitimidad

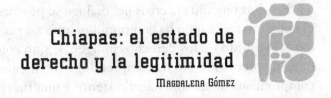

Magdalena Gómez

E N PRIMER LUGAR, quisiera retomar elementos que se plantearon en el panel sobre las causas del conflicto chiapaneco, relativos al asunto de la legalidad y la legitimidad. Basta con recurrir a la historia para dar cuenta de que es necesario cuestionar el concepto mismo de "estado de derecho", basado en una idea positivista de legalidad. De no hacerlo incurrimos en una primera distorsión que ha tenido efectos en el enfoque de análisis que se ha hecho sobre la crisis del diálogo.

Se ha dicho, y hay toda una campaña en curso para ello, que la carga de intransigencia en el conflicto en Chiapas le corresponde al EZLN. Yo diría que el EZLN ha pagado el costo de la congruencia. Congruencia que se refleja específicamente en el caso de la mesa de derecho y cultura indígena, de los Acuerdos de San Andrés Larráinzar, y también en la propuesta de COCOPA. Es una congruencia que tiene que ver con el sujeto político de la negociación.

Si asumimos que en Chiapas el estado de derecho no logró reflejar una idea de la legitimidad, podemos ver que en el proceso mexicano de negociación, si bien se sentaron a la mesa los interlocutores formales, el EZLN y el gobierno federal, el EZLN llamó al sujeto político central de la negociación, en el caso de la mesa de derecho y cultura indígena, que son ni más ni menos que los pueblos indígenas, representados por las organizaciones más significativas del país.

En cierta medida la crisis del diálogo se provocó porque el gobierno federal no ha comprendido que no pactó con el EZLN el asunto de los derechos indígenas, sino con los sectores involucrados. No ha comprendido que incumplir esos compromisos no es sólo hacerlo frente a una fuerza que es su interlocutora formal, legalmente definida en la Ley para el Diálogo, la Conciliación y la Paz Digna en Chiapas, sino frente al conjunto de las organizaciones indígenas del país y a los sectores de la sociedad que esperan que el gobierno cumpla los compromisos que firmó.

En cambio, el EZLN está pagando los costos de su congruencia, cuando insiste que se cumplan los Acuerdos de San Andrés. Porque aun en la remota hipótesis de que el gobierno encontrara en su interlocutor, en este caso el EZLN, la "flexibilidad" necesaria para que se dé marcha atrás a los Acuerdos de San Andrés, no solucionaría la situación de fondo, de la cual ya mucho se ha hablado en términos de sus raíces y de su legitimidad histórica y social.

Pero también hay otro factor que se debe considerar al analizar la crisis del diálogo y la situación chiapaneca. Y es el de la diversa naturaleza de los sujetos de la negociación. Si formalmente estuvieran negociando las dos partes, el EZLN y el gobierno federal, no se reconocería que la fuerza y el simbolismo de este conflicto radica en la legitimidad de unos actores sociales que, como los pueblos indígenas, han sido marginados entre los marginados. No debemos olvidar que el Estado mexicano, no los titulares en turno del gobierno federal, tiene una enorme responsabilidad por carecer de legitimidad.

Recordemos que en los hechos la agenda del diálogo sólo obtuvo resultados en materia de derecho y cultura indígena y que el EZLN estuvo dispuesto en noviembre de 1996 a acelerar las negociaciones si el gobierno federal asumía el contenido de la propuesta que elaboró la COCOPA. Con el rechazo a esta propuesta y a sus observaciones posteriores, el gobierno cuestionó lo que había firmado anteriormente, lo que provocó un desgastante debate en medio de una retórica de llamado al diálogo, con la crisis de Acteal de por medio. En dicho debate, el riesgo de la soberanía o la supuesta balcanización que provocaría la propuesta de la COCOPA fue un tema relevante. Recordemos la declaración que hiciera el entonces secretario de Gobernación Emilio Chuayffet, en el sentido que había que reconocer que se dramatizaba con la balcanización. Este largo debate ameritará algún día una reconstrucción, no sólo jurídica sino también ideológica.

La estrategia oficial encontró su desenlace y profundización en el momento en que el gobierno federal presentó, el 15 de marzo de 1998, de manera unilateral al margen de las negociaciones y en medio de la crisis del diálogo, una iniciativa de reforma constitucional, y decidió autocalificar su acción en el sentido de que con esta iniciativa ya está cumpliendo con los Acuerdos de San Andrés, y también está cumpliendo sobradamente con el Convenio 169 de la OIT.

El rechazo del EZLN y del Congreso Nacional Indígena a la iniciativa presidencial obedeció a que vulnera aspectos centrales de los Acuerdos de San Andrés y del convenio mencionado, porque la autonomía que se pactó en San Andrés y que se propone, está absolutamente acotada para reconocer a un sujeto de derecho con facultades específicamente señaladas. Esto es explícito tanto en los Acuerdos de San Andrés como en la propuesta de la COCOPA.

Por lo anterior, hay dos ejes centrales en la objeción zapatista a la iniciativa del presidente, además del procedimiento político: primero, el cambio de sujeto de derecho, al sustituir el concepto del "pueblo" indígena por el de "comunidad", que conlleva a una deformación de los Acuerdos de San Andrés, y; segundo, que la iniciativa del gobierno provoca una desviación de lo que son las demandas de los pueblos indígenas para buscar congruencia con las estrategias neoliberales y el actual proyecto y modelo de desarrollo económico del país. Esto no es trivial, pues se nulifica en la iniciativa presidencial el acceso, el uso y disfrute de los recursos naturales por parte de los pueblos indígenas.

Para decirlo rápido, si se consolida una reforma constitucional que reconozca a la comunidad indígena y no al pueblo, al día siguiente de que se ha publicado esa reforma los pueblos indígenas ya estarán incurriendo de nuevo en el "estado de hecho", en la ilegalidad que hoy en día han querido romper para entrar en un "estado de derecho". Lo estarán rompiendo, porque el objetivo de los pueblos indígenas es reagruparse, reconstituirse.

Por otra parte, en la iniciativa presidencial se consideran argumentos y propuestas anticonstitucionales, al señalar que el acceso, el uso y disfrute de los recursos naturales de los pueblos indígenas, se tendrá que realizar respetando el artículo 27 constitucional. Le quieren ahorrar la labor a la Suprema Corte de Justicia, pues esta instancia ante hechos concretos y conflictos tendrá que ver cuál de las normas constitucionales prevalece; porque bien se sabe que toda norma constitucional, independientemente de cuál llegó primero o después, tiene el mismo rango. Habrá que poner ojo a ese fantasma de la reforma del 27 constitucional, realizada en 1992.

En todo este contexto parece utópico recordar e insistir que si el gobierno federal quiere el diálogo, como se ha dicho tan reiteradamente, debe modificar su esquema y buscar una estrategia para la paz con decisiones que restablezcan la confianza no sólo con el EZLN sino también con la sociedad. Debe buscar la manera formal de retirar la iniciativa que presentó políticamente de manera bilateral y debe promover en el Congreso la formalización constitucional del texto elaborado por la COCOPA. Sabemos que si existiera voluntad política se puede lograr, igual como logra que se aprueben cosas tan terribles como el FOBAPROA. Puede también suspender definitivamente los llamados desmantelamientos de municipios autónomos así como el unilateral proceso de remunicipalización. Puede liberar a los detenidos en los operativos policiacos o militares, reparar el daño causado a las comunidades, reposicionar el ejército, y también podría rendir un informe serio sobre las investigaciones acerca de la matanza de Acteal. Todo ello se puede hacer para demostrar con hechos que se quieren resolver las causas que dieron origen al conflicto armado, que antes que un problema de legalidad, es un problema de legitimidad y voluntad política. Todo ello es posible si se da un giro profundo a la "razón de Estado", reflejada en las actuales estrategias que usan la violencia y no el consenso. Aún es tiempo de dar un giro hacia la paz.

Se equivoca el gobierno federal si cree que la sociedad civil es acrítica frente al zapatismo. Si se tomaran este tipo de medidas, se restablecería la confianza y seguramente el EZLN se podría sentar en la mesa de diálogo, como lo hizo en enero de 1994 cuando aceptó el cese al fuego sin esperar a que la sociedad se lo demandara. En cambio, de ser formalizada la iniciativa presidencial, y de seguir con este discurso retórico de que "mi política de Estado es insistir en el diálogo", se va a provocar que nuevamente el Estado dé la espalda a los pueblos indígenas, por más foros, libros de todos colores –como el *Libro Blanco* de la PGR sobre Acteal–, y campañas de agresión que se organicen, ésta no es la reforma para la paz y democracia que tanto se necesita.

Ya no es tiempo de poner piedras en el camino. Yo diría que más bien se trata de quitarlas. Creo que al Estado le corresponde quitar la primera piedra.

La crisis de Chiapas: desafíos para el derecho

José Roldán Xopa

E L PROPÓSITO del presente texto es formular algunas hipótesis respecto al papel que los actores fundamentales en el conflicto de Chiapas le han asignado al derecho, tanto en su discurso como en sus acciones. El ejercicio puede tener como utilidad ubicar las posturas del gobierno federal y del EZLN y precisar los problemas, en la perspectiva de contribuir en la reflexión sobre los caminos que pueden conducir a una recomposición de las vías para el diálogo.

El derecho y el discurso "jurídico"

Vale señalar que tanto la parte gubernamental (Ejecutivo Federal, Secretaría de Gobernación, Secretaría de la Defensa Nacional, etcétera) como el EZLN, han asumido una postura estratégica en el conflicto, esto es, la adopción de conductas de acción o respuesta que asume los actos propios o ajenos como los de un adversario que toma una posición de ventaja o desventaja en un conflicto cuyo único resultado aparente es la victoria o la derrota. En tal visión, el derecho (las normas jurídicas) es un elemento que juega en los posicionamientos, que puede ser útil o estorboso en la medida en que sea conveniente o inconveniente en los movimientos tácticos. Además genera un discurso de "juridicidad" para justificar sus acciones o atacar las del contrario, y es construido con argumentos de conveniencia coyuntural. Lo anterior provoca una falsa juridicidad en tanto se instrumentaliza al derecho como un factor de uso discrecional de legitimación o de ejercicio del poder más, no como un engranaje común que puede hacer posible la canalización del conflicto sobre cauces civilizados y que establece facultades, derechos o limitaciones para ambas partes.

Así pues, se generan posturas ambivalentes entre acción y discurso (actuaciones transgresoras de la ley y discurso de respeto a la ley) y se crean argumentos artificiosos para justificar que su actuación se apega a la ley, por ejemplo, el ejército incursiona en comunidades zapatistas para aplicar la Ley Federal de Armas de Fuego y Explosivos, pero no emprende acciones para desarmar a grupos paramilitares; el EZLN crea municipios "autónomos" en violación a la Constitución y pide se respete ésta para garantizar los derechos de tránsito a sus militantes.

El derecho como instrumento de legitimación y deslegitimación de los actores

Si la postura de los actores es estratégica, el derecho es un factor, una variable más de la confrontación, no una limitación común de la conducta, ni tampoco se busca la formalización de contenidos jurídicos que puedan dar cauces institucionales a un conflicto. La propuesta de la COCOPA es "inconstitucional", dice el coordinador gubernamental para el diálogo y la paz, en ese discurso la Constitución es un elemento que se esgrime para combatir una propuesta no compartida por el gobierno cuando precisamente se trata de una propuesta para reformar la Carta Magna y consecuentemente modificar sus contenidos (en tal sentido la propuesta de COCOPA no es ni más ni menos inconstitucional que la iniciativa del Ejecutivo o cualquier otra iniciativa). En una postura por lo demás ambivalente respecto al derecho, el EZLN acude a él a veces como un fundamento para impugnar al gobierno y al derecho posterior (por ejemplo, cuando reivindica la Constitución originaria de 1917 para desconocer a la actual); pero, por otra parte, también acepta y se somete a la ley (en particular la Ley para el Diálogo, la Conciliación y la Paz Digna en Chiapas), y, posteriormente, aun cuando no lo diga con todas sus letras, acepta la Constitución vigente y, a partir de ello, sostiene la necesidad de reformarla (la consulta para apoyar la propuesta de COCOPA puede leerse en ese sentido).

En la más fiel expresión de uso ideológico ambas partes buscan el "sentido que más lo beneficie", ignorando u ocultando aquel que les sea adverso. Sin embargo, los papeles de los contendientes son distintos, de alguna manera es comprensible y hasta coherente que el EZLN mantenga una situación de oposición, rebeldía y búsqueda de legitimación ante el derecho, lo que no es comprensible en el caso del gobierno que, por el contrario, debería ser el más interesado no solamente en ajustar su actuación al derecho sino reivindicarlo precisamente como la única vía civilizada y legítima de tratamiento del conflicto social y de buscar por tales medios la institucionalización de la disidencia. El gobierno federal es el responsable constitucional y político de buscar la paz social y el estado de derecho.

Los Acuerdos de San Andrés o el incumplimiento como falta de acuerdo

La polémica acerca del cumplimiento o incumplimiento de los Acuerdos de San Andrés Larráinzar de febrero de 1996, tiene como elemento central el desacuerdo sobre la propuesta de formalización de los mismos, más que la mayor o menor fidelidad a su texto. Es ya una discusión interminable y carente de sentido a estas alturas determinar qué propuesta se apega más o menos al texto o al espíritu de los Acuerdos de San Andrés. Cada una de las partes recurrirá a argumentos semánticos, lógicos o retóricos para defender su postura y construirá o reconstruirá los pertinentes para atacar a la contraria. Independientemente de lo anterior, lo único cierto es que se rompió la vía de la composición sustituyéndola por la del litigio y, por lo tanto, se terminó con la lógica que había racionalizado el conflicto; esto es, el marco institucional que fijó reglas para el diálogo y la solución por la vía del "acuerdo" fue abandonado al desconocerse las instancias y las propuestas de mediación y coadyuvancia. En los hechos, se condenó a la ineficacia al único medio legal que había resultado efectivo para construir una solución sin perdedores. La postura del EZLN de todo o nada respecto a la propuesta de COCOPA y la presentación unilateral de la iniciativa presidencial dejaron a su suerte a las partes en un juego en el que todos pierden, sin árbitros reconocidos y sin reglas. Encaminados hacia un callejón sin salida, se enfrentan ambas partes confiadas en su habilidad para asestar o esquivar golpes, en una pelea en la que casi todo vale y todos pierden.

La consulta del EZLN
y las vías para la paz

¿Cómo resolver el estancamiento del conflicto? Por una parte, el Ejecutivo envió su iniciativa al Congreso, por la otra, el EZLN no ceja en su adhesión a la propuesta de COCOPA con una variante: la búsqueda de apoyos sociales para su aprobación por el Congreso. La consulta presenta aspectos valiosos, primero, es una iniciativa política que busca la acumulación de apoyos, legitimación social y posicionamiento ante la instancia legislativa; segundo, reconoce implícitamente que el siguiente paso toca darlo al Congreso. Es pues, la hora del Congreso con todo lo que ello implica. En su seno se han presentado además las iniciativas del Partido Acción Nacional y la del Partido Verde Ecologista de México, eventualmente pudiera ser presentada la de la COCOPA por conducto del Partido de la Revolución Democrática. La pregunta es si el actual Congreso asumirá el compromiso de abordar con decisión la reforma indígena o dejará la tarea a la siguiente legislatura, y si de abordarla lo hará con la inteligencia y sensibilidad necesaria para emitir una reforma constitucional que rehaga el compromiso y posibilite la continuación de las siguientes etapas de la negociación. En tal sentido, el Congreso tiene ya más que una función de soberano, la función de árbitro.

La cuestión indígena y el proceso de paz en México

GUSTAVO HIRALES

E L PESO DE LA cuestión indígena en el proceso de paz mexicano se manifiesta de entrada al menos en dos dimensiones: en la de que se hayan hecho posibles las negociaciones de paz al poco tiempo de iniciado el conflicto armado, y en la del peso específico de esta problemática indígena en los temas sustantivos de las negociaciones. Creo que en efecto ésa ha sido la doble presencia e influencia de la cuestión indígena en el asunto de la paz. Es decir, por un lado, que el componente y las demandas específicamente indígenas del levantamiento del EZLN, a pesar de que no fueron evidentes en un primer momento, gravitaron con gran fuerza sobre los cálculos y razonamientos de las partes del conflicto, promoviendo la adopción de una salida política, negociada, antes que un largo y seguramente sangriento enfrentamiento. Por otro lado, las demandas y reivindicaciones específicamente indígenas, como las que se refieren a los "derechos indígenas", constituyeron la materia de la primera mesa de diálogo y negociación entre el EZLN y la representación del gobierno federal y de los primeros (y hasta ahora únicos) acuerdos alcanzados en San Andrés Larráinzar.

Si bien el conflicto en Chiapas presenta importantes aspectos originales, inéditos, uno de los más significativos es sin duda el que se refiere a *la imagen* del levantamiento del EZLN, que antes que como un alzamiento revolucionario, se proyecta como una rebelión indígena; y ello a pesar de las declaraciones iniciales del mismo EZLN. Una insurrección revolucionaria era inconcebible e inadmisible, como se demostró en el rechazo generalizado al intento de legitimación de la violencia revolucionaria, manifiesto en el editorial de *La Jornada* (del 2 de enero de 1994) contra los "profesionales de la violencia". Una rebelión indígena, chocante y todo (sobre todo por su arcaísmo, por su convocatoria al "México bronco"), que evocaba las reminiscencias de un imaginario colectivo donde el recurso de "tomar las armas" se justificaba ante situaciones de agravio e injusticia colectivos y evidentes, y adquiría una legitimidad casi a prueba de balas.

Si los indios de Chiapas –el rincón más atrasado, pobre y autoritario del país– se rebelaban, por algo sería, y prácticamente nadie quiso meterse al espinoso asunto de averiguar cuánto había de verdad histórica y de rigor intelectual en la autoafirmación de que esos indígenas y sus líderes se habían levantado en armas "porque no les dejaron otra salida", y sólo después de haber agotado "todas las instancias y todas las formas de lucha previas" a la armada.

Sea de ello lo que fuere (y yo tengo mi opinión sobre lo que en realidad fue, y la he escrito), el caso es que el levantamiento del EZLN tuvo la virtud de poner (entre otras) la cuestión indígena en el centro del debate político de la sociedad mexicana, y de forzar un examen de conciencia, estatal y social, sobre cuál era el verdadero estado de esta cuestión, justo en el momento en que nos disponíamos –como se ha repetido hasta el cansancio–, "a ingresar a la modernidad". Como el examen estaba cargado de –y condicionado por– la mala conciencia (recuérdese la frase emblemática de Marcos ante la torpeza de Salinas ofreciendo perdón: "¿de qué tenemos que pedir perdón?"), las conclusiones resultaron muchas veces retóricas, pero política y mediáticamente muy efectivas: no se ha hecho nada por los indígenas, se pretende su integración forzada a la modernidad, el TLC significa la condena a muerte de los indios, etcétera.

El levantamiento y el clamor mediático y social que produjo sirvió también como catalizador de los esfuerzos, hasta entonces desconocidos para el gran público, que diversas organizaciones indígenas o proindígenas habían venido levantando, desde hacía varios años, en torno a los proyectos de un nuevo movimiento indígena que rechazaba el indigenismo y que, en Latinoamérica y en otras partes, enarbolaba demandas como el reconocimiento constitucional de los pueblos indígenas y sus derechos: la libre determinación, la autonomía indígena, los derechos territoriales, el derecho y la cultura indígena, etcétera. Cuando el EZLN convoca a la "sociedad civil" y a las organizaciones sociales al debate de estos puntos en San Andrés, efectúa un doble movimiento de alcances más que tácticos, pues de una parte subsana la precariedad de su programa en estos puntos específicos, y de la otra logra congregar a lo más representativo del emergente movimiento indígena para que, entre todos y en relación dialéctica con la contraparte oficial, se logre arribar a las bases del nuevo programa indígena mexicano.

El resultado de todo esto fueron los Acuerdos de San Andrés, firmados en febrero de 1996 entre los comandantes del EZLN y la delegación del gobierno federal a las pláticas de paz. ¿Cómo pudiéramos caracterizar, en este enfoque, a los Acuerdos de San Andrés? Yo diría que representan una especie de punto intermedio entre el programa mínimo y el programa máximo del movimiento indígena en el país. Debe decirse que en San Andrés, la delegación del gobierno concedió o aceptó algunos elementos del programa indígena que no necesariamente tenían el consenso ni de la sociedad ni del Poder Ejecutivo y, por tanto, implicaban riesgos políticos y la posterior falta de consenso en una dimensión más amplia. Frente a estos riesgos, la representación del gobierno antepuso dos salvaguardas: una eran ciertos *candados* en la misma redacción de los acuerdos; la otra era el hecho de que tales acuerdos, para formalizarse como leyes o disposiciones gubernamentales, debían ser aprobados necesariamente por el Congreso de la Unión.

Como se recordará, en el otoño de 1996 el EZLN rompió las negociaciones de paz aduciendo, entre otras cosas, el incumplimiento de los Acuerdos de San Andrés. En esta situación, la COCOPA intervino como mediación, a petición de las partes del conflicto, para que elaborara un documento que fuera aceptable para ambas partes y en el que se les diera forma jurídica y constitucional a los Acuerdos sobre Derechos y Cultura Indígena. Como se ha dicho, un defecto de la elaboración del documento fue que en ella intervinieron –entre otros y al parecer de manera decisiva– los iniciados en el tema del (o cercanos al) EZLN, mientras que los iniciados o *expertos* del gobierno fueron deliberadamente excluidos de la elaboración. ¿Por qué? Por varias razones, pero sobre todo porque contra estos iniciados o expertos se había concentrado el malestar de la otra parte, por las pugnas internas dentro del gobierno (los celos de Emilio Chuayffet hacia Marco Antonio Bernal, por ejemplo), pero sobre todo porque el secretario de Gobernación de aquel entonces confió en la buena fe de la COCOPA, que le aseguró no se haría un documento inaceptable para el gobierno.

El proyecto de ley indígena elaborado por la COCOPA fue inaceptable para el gobierno, y a partir de ese momento el conflicto entró en un estancamiento que persiste y al que no se le ve término. Desde el punto de vista del EZLN y de sus aliados de la "sociedad civil" y de algunos partidos políticos, como el PRD, el documento de la COCOPA refleja fielmente no sólo la letra sino el espíritu de los Acuerdos, y por lo tanto debe ser asumido por la contraparte sin quitarle "ni un punto ni una coma". Desde el punto de vista del gobierno, y de las fuerzas políticas y sociales que lo apoyan en este punto, el documento sería –en el mejor de los casos– la base de la discusión que condujera a una nueva síntesis, en la que los derechos indígenas no aparezcan como contradictorios o antagónicos con otros derechos y responsabilidades (por ejemplo, responsabilidades del Estado). Más allá de la discusión acerca de si la delegación del gobierno se equivocó al firmar los Acuerdos, creo que el punto esencial a considerar es que, al parecer de algunos mexicanos (uno de los cuales recibió 17 millones de votos para estar donde está) hay en la propuesta de la COCOPA derechos que, de aceptarse tal cual, podrían provocar desorden social y, quizás, una crisis constitucional, ¿cómo cuáles?

Por ejemplo en la utilización del término *territorios*. Dice la propuesta de la COCOPA (fracción V del artículo 4), que como parte de la autonomía los pueblos indígenas tendrán derecho a "acceder de manera colectiva al uso y disfrute de los recursos naturales de sus tierras y territorios, entendidas éstas como la totalidad del hábitat que los pueblos indígenas usan y ocupan, salvo aquellos cuyo dominio directo corresponde a la nación". La referencia a tierras y territorios tiene una base previa, en efecto, en el Convenio 169 de la OIT, aceptado por nuestro país. Dice el artículo 13 del citado Convenio (punto 2) que "la utilización del término tierras en los artículos 15 y 16 deberá incluir el concepto de territorios. Lo que cubre la totalidad del hábitat de las regiones que los pueblos interesados ocupan o utilizan de alguna manera". Como concluye Magdalena Gómez, el artículo 13 "al hablar de *tierras* se está refiriendo a los derechos jurídicos sobre las mismas. Y al hablar de *territorios*, se está refiriendo al espacio físico, el ambiente, lo que se conoce como hábitat, pero *esa referencia no implica el reconocimiento de derechos* sino la exigencia del respeto a la concepción indígena del medio ambiente en que estos pueblos se desarrollan" (*Lectura comentada del Convenio 169 de la* OIT, edición del INI, p. 80).

Si a lo anterior nos atenemos, tendríamos que concluir primero en que el uso del concepto *territorios* en la propuesta de COCOPA no puede ni debe abrigar intenciones separatistas. Tampoco debe implicar reivindicaciones específicas sobre tierras, sino el reconocimiento de una relación "espiritual" de los pueblos indígenas con "la tierra". Y sin embargo, esto último no queda claro para nada en la redacción original de COCOPA.

Dicho de otro modo, la propuesta de la COCOPA, por la ambigua manera en que está formulada parece que busca enfrentar a la Constitución, desde la propia Constitución, en varios puntos nodales: uno, las formas de propiedad de la tierra (pues la fórmula del "acceso colectivo", en su ambigüedad, parece negar el acceso individual, consagrado en la Constitución); dos, los pueblos indígenas, ¿son un nuevo sujeto de derechos, *distinto* de las comunidades y los municipios indígenas?; ¿cómo ejercería este nuevo sujeto tales derechos, es decir, por quién se harían representar los pueblos?, ¿por el EZLN, por el Consejo Nacional Indígena?; ¿qué significado tendría entonces, política, económica y jurídicamente, el *acceso colectivo* a este uso y disfrute de los recursos naturales de las tierras y territorios que usan y ocupan de alguna manera? No está claro, pero por la intención, pareciera en primer término abrigar *reivindicaciones territoriales* distintas a las agrarias que la ley prevé. En segundo término, pareciera buscar la subversión silenciosa de los postulados del 27 constitucional o, como lo he escrito en otro lugar, hacer entrar a la Constitución en contradicción consigo misma. Pues el artículo 27 constitucional establece que se dictarán las medidas necesarias "para disponer, en los términos de la ley reglamentaria, la organización y la explotación colectiva de los ejidos y comunidades", entre otras cosas.

Sé muy bien que estas afirmaciones son discutibles, pero ésa es precisamente su intención: poner de relieve lo complejo y riesgoso del asunto, dejar en claro que no estamos, en modo alguno, ante un asunto de "obvia resolución", como sostienen muchos. Lo que se prueba es el hecho mismo de que la anterior COCOPA haya afirmado públicamente que su propuesta era perfectible, y que una subcomisión de esa misma COCOPA haya elaborado una propuesta alternativa. Bueno, se me dirá, ¿pero qué tiene esto que ver con los –interrumpidos– procesos de paz? Mucho, pues si no se entiende la complejidad de la materia llamada "autonomía y derechos indígenas", entonces tampoco se entenderán las razones del estancamiento, y la paradoja de que, habiendo sido la presencia del factor indígena esencial para que se hubiera arribado pronto a las conversaciones de paz, ahora sea una determinada manera de entender lo que es táctico y lo que es de principios, desde una perspectiva donde se reivindica lo indígena, lo que propicia o determina el actual estancamiento.

Resumiendo: en efecto, en San Andrés se expresó lo más representativo del movimiento indígena mexicano, y los acuerdos ahí logrados expresan esencialmente sus demandas y objetivos. También es cierto que este movimiento indígena se identifica en lo esencial con el proyecto de ley indígena de la COCOPA. Pero, *1.* El movimiento indígena no es ni representa a toda la población indígena del país, y ni siquiera a toda la población indígena que piensa y actúa políticamente. *2.* Aun si el movimiento indígena representara a toda la población indígena del país, ésta no es toda la población mexicana. *3.* Existen una serie de fuerzas sociales representativas y poderes constitucionales legítimos (Ejecutivo, Legislativo, Judicial) que no están de acuerdo en que el proyecto de COCOPA sea elevado, sin más trámite, a rango constitucional. Estas fuerzas exigen discusión y debate de los puntos controversiales, pero el EZLN no lo admite. Así, ¿quién sería la parte intransigente?

El papel de la
sociedad civil

Colombia: el papel de la sociedad civil en el proceso de paz

DANIEL GARCÍA-PEÑA

E L CASO COLOMBIANO es, aún con las dificultades que se ven en México, un caso mucho más complejo, más complicado, con una larga historia tanto de guerra como de intentos de paz. En Colombia los primeros esfuerzos de paz se iniciaron en la década de los ochenta, y actualmente, desde el 7 de enero de 1999, inicia lo que parece ser una ronda final de negociaciones, o por lo menos un intento relevante para resolver de una vez por todas este largo proceso. Lo importante es que Colombia, como todos los países, ha tenido un largo aprendizaje. Una de las grandes lecciones, es que hoy todos los colombianos tienen mayores niveles de optimismo que en cualquier momento en los últimos años, esto tiene que ver con el papel que la sociedad civil ha cumplido. La sociedad civil ha madurado como actor central del proceso de paz en Colombia.

De hecho, desde los primeros intentos de paz en los años ochenta, se llegó a la conclusión de que una de las razones por las cuales estábamos en guerra era que la institucionalidad democrática en Colombia –que con mucha frecuencia se dice que la democracia y la constitucionalidad son las más viejas de América Latina– era insuficiente para representar a todos los niveles y sectores de la sociedad. Por eso cada uno de los intentos de paz ha buscado complementar la institucionalidad democrática y constitucional con mecanismos de representación que involucren a sectores de la sociedad civil,

131

tradicionalmente excluidos en los procesos que intentó impulsar el presidente Belisario Betancourt de los ochenta. La Comisión de Paz reflejó esta búsqueda de nuevas representatividades, con un proceso exitoso de diálogo, e involucró a diferentes sectores de la sociedad civil, pero siempre hemos tenido la dificultad de saber a quién representa esta sociedad civil, cómo se busca esta representatividad legítima y cómo coincide con los instrumentos institucionales y legales que hay en el país.

Durante los últimos cuatro años, se dio un cambio radical en la manera en la cual, tanto los actores del conflicto como los actores sociales, veían el proceso de la guerra y la paz. Uno de los elementos que permitió una mayor participación de la sociedad civil tuvo que ver con el estancamiento del diálogo entre gobierno y guerrilla a comienzos de la administración de Ernesto Samper en 1995. Se estuvo muy cerca de una negociación formal con las FARC, pero precisamente la falta de coherencia dentro de las leyes del Estado, y la dificultad que hubo dentro de los sectores civiles del gobierno y los militares, llevaron a que fracasara este primer intento.

A la par, apareció el escándalo que se desencadenó sobre la financiación de la campaña presidencial de 1994. Esto llevó a que de 1995 a 1998 hubiera tres años muertos desde el punto de vista de la negociación formal entre el gobierno y la guerrilla, aunque hubo varios intentos importantes de acercamiento, como la realización de continuos diálogos secretos. La verdad es que no hubo un diálogo formal, y esto permitió la entrada de nuevos actores de la sociedad civil. La sociedad civil ha jugado papeles fundamentales en el proceso de paz. En primer lugar, en octubre de 1995, con el liderazgo de la iglesia católica se conformó en Colombia la Comisión de Conciliación Nacional, que es una Comisión que tiene el auspicio de la iglesia católica, pero a su vez tiene una participación muy importante de sectores sociales. Ésta jugó un papel muy importante de intermediación entre el gobierno y la guerrilla. Cuando los contactos oficiales se rompieron, fue la iglesia y la Comisión las que permitieron muchos acercamientos para cosas muy puntuales como la liberación de unos soldados retenidos por la guerrilla en 1997, pasando por el intercambio de documentos y aspectos más sustanciales que a mi entender fueron fundamentales para abrir las posibilidades en los últimos meses.

También durante este periodo otros sectores de la sociedad civil empiezan a formar grupos activos en 1996 para apoyar el proceso de paz. Se hizo un plebiscito simbólico de los niños colombianos a favor de la paz, que permitió para octubre de 1997, un hecho sin precedentes en Colombia. Aprovechando los mecanismos legales constitucionalmente establecidos de participación popular, se organizó un mandato nacional por la paz en la cual diez millones de colombianos –que fue una cifra histórica en nuestro proceso democrático– votaron a favor de la salida negociada al conflicto armado. Votaron a favor obligando a las partes a sentarse en una mesa de negociaciones. Si bien este mandato fue simbólico y no tuvo una obligatoriedad legal, a mi entender fue fundamental para idear los espacios de discusión que hoy han permitido reabrir las esperanzas de la paz. Esto también tuvo que ver con la actitud de cambio por parte del gobierno nacional. Durante muchos años, el gobierno veía a la sociedad civil con sospecha, creía que de alguna manera interfería en los procesos que consideraba legítimamente debía de manejar el ejecutivo.

En los últimos cuatro años hubo un cambio al entender que la sociedad civil debía tener representación propia. De hecho el gobierno del presidente Ernesto Samper promovió la creación de un Consejo Nacional de Paz que fue adoptado como Ley de la República, en la Ley 4-34 de 1998, que establece este mecanismo como un escenario de trabajo conjunto entre el Poder Ejecutivo, el Congreso y las otras ramas del poder público, con diferentes representaciones de la sociedad civil. Ha sido fundamental en ese proceso el hecho de que la sociedad civil ha venido ampliando su abanico de representaciones durante mucho tiempo. Cuando se hablaba de sociedad civil en Colombia, se pensaba en las organizaciones no gubernamentales de derechos humanos, de sectores universitarios, etcétera. Ahora, lo que ha sucedido es que en estos últimos años tengamos una nueva percepción de la sociedad civil, con la participación, en primer lugar, de la iglesia católica. La iglesia católica ha jugado un papel fundamental, de hecho en los años ochenta la iglesia católica fue muy pasiva, algunos dirían que fue negativa en su actitud frente a la salida negociada. Esto ha cambiado radicalmente y hoy en día la iglesia católica lidera como ninguna otra institución los movimientos en favor de la salida negociada al conflicto armado. También, en segundo lugar, se ha vuelto muy activa la participación de los gremios económicos, del poder económico en Colombia. Durante muchos años la guerra era vista como algo lejano, marginal, como un problema del campo, de la zona rural que no afectaba a los grandes industriales, pero en los últimos años los grandes grupos económicos del país han entendido que el conflicto armado en Colombia es interno y va en contra de cualquier proyecto de desarrollo económico, de inversión e incluso para participar exitosamente en la globalización. Por tanto, ha habido un cambio significativo en la medida en la cual los sectores tradicionalmente más conservadores del país (los ganaderos quizás sean el ejemplo más típico), que siempre fueron considerados sectores reaccionarios, hoy están claramente a favor de la salida negociada.

También ha cambiado la forma como los grupos guerrilleros se han relacionado con la sociedad civil. No cabe duda que el Ejército de Liberación Nacional (ELN) que es el segundo grupo en importancia en el país, ha tenido el liderazgo en los acercamientos con la sociedad civil. De hecho el año pasado, a partir de la conformación del Consejo Nacional de Paz, entablaron contactos directos con los miembros de la sociedad civil, con el visto bueno y el patrocinio del gobierno nacional. Es decir, no hubo una rivalidad ni incompetencia sino más bien un intento de complementación, por el cual inclusive el gobierno nacional pagó los pasajes de varios miembros de la sociedad civil para reunirse con el ELN. El propósito fue apoyar el desarrollo de una propuesta que se denominó la Convención Nacional, que es un proceso de diálogo bastante *sui generis* acogiendo la tradición de la negociación gobierno-guerrilla.

En la actualidad, las partes han incluido en sus propuestas, como muy importante, el involucrar a la sociedad civil, y de hecho, uno de los puntos que se están discutiendo en estos días es cómo involucrar a la sociedad civil en el proceso de paz. Durante el periodo de elecciones de 1998, el tema de la paz se convirtió en el tema principal de las candidaturas a la presidencia. El ganador de esta contienda electoral, Andrés Pastrana, cuenta con un fuerte respaldo bipartidista mucho más amplio del que cualquier gobernante ha tenido. Esto se debe en gran medida por la presión de la sociedad civil.

En conclusión, no se puede decir que la sociedad civil es un elemento que debe reemplazar a las partes en conflicto, pero no se debe desconocer su complejidad. Los representantes de la sociedad civil no tienen la representatividad de la totalidad de la sociedad colombiana, pero tampoco cabe duda que una paz sin involucrar a los sindicatos, a los gremios económicos, a la iglesia, sería una paz absolutamente incompleta. En Colombia se ha logrado entender que si bien la participación de la sociedad civil hace que el proceso sea más complejo y seguramente más lento, es un factor que lo fortalece. Uno de los elementos que obliga a garantizar el futuro de que esta ronda de conversaciones sea exitosa, es precisamente el hecho de que todos estemos de acuerdo en que la sociedad civil debe jugar un papel importante.

La participación de la sociedad civil en la búsqueda de la paz en Chiapas

Rafael Reygadas

H OY MÁS QUE NUNCA, "el respeto al derecho indígena es la paz". En 1521, en cifras conservadoras, había en lo que hoy es México más de 10 millones de indígenas.[1] Tres cuartas partes de ellos murieron en los primeros 50 años de la Conquista, por enfermedades contagiosas y por los trabajos forzados en las minas y encomiendas. La historia relata acerca de pueblos o etnias que ya han desaparecido. Hoy sobreviven en México poco más de 10 millones de indígenas que forman parte de 56 pueblos, prácticamente todos sobreviviendo en condiciones de pobreza extrema.

El Convenio 169 de la OIT

El Convenio 169 de la Organización Internacional del Trabajo destaca el respeto a los pueblos indígenas y tribales en su cultura, religión, y organización social y económica; también habla del concepto "pueblos" refiriéndose al rescate de su identidad propia, no menciona "comunidades" o "poblaciones". En otras palabras, dicho Convenio se refiere al derecho a tener identidad y organización propia, basada en el derecho al acceso y a la propiedad de tierras y territorios. El Convenio señala textualmente:

[1] Laurette Séjourné, *América Latina II. Época colonial*, Siglo XXI, México, 1981, pp. 92-93.

Artículo 13.

1. Al aplicar las disposiciones de esta parte del Convenio, los gobiernos deberán respetar la importancia especial que para las culturas y valores espirituales de los pueblos interesados reviste su relación con las tierras o territorios, o con ambos, según los casos, que ocupan o utilizan de alguna u otra manera, y en particular los aspectos colectivos de esa relación.

2. La utilización del término "tierras" en los artículos 15 y 16 deberá incluir el concepto de territorios, lo que cubre la totalidad del hábitat de las regiones que los pueblos interesados ocupan o utilizan de alguna otra manera.

Artículo 14.

1. Deberá reconocerse a los pueblos interesados el derecho de propiedad y de posesión sobre las tierras que tradicionalmente ocupan...

Artículo 15. Los derechos de los pueblos interesados a los recursos naturales existentes en sus tierras deberán protegerse especialmente. Estos derechos comprenden el derecho de esos pueblos a participar en la utilización, administración y conservación de dichos recursos.[2]

El 6 de septiembre de 1990, el Senado mexicano ratificó el Convenio 169, transformándolo en Ley Suprema que debe ser acatada por el gobierno de la República. De hecho el gobierno mexicano fue el primer país de América Latina en ratificarlo. Esto es importante para recordar el contexto y las obligaciones internacionales de México con relación a los Acuerdos de San Andrés.

---

[2] *Convenio 169 sobre Pueblos Indígenas y Tribales*, OIT, Costa Rica, 1996, pp. 17-21.

Rafael Reygadas

La Ley para el Diálogo, la Conciliación y la Paz Digna en Chiapas

El 9 de febrero de 1995 el ejército federal hizo un avance unilateral de sus posiciones, rompiendo la tregua y el cese al fuego. El 11 de marzo de 1995, por la presión de la sociedad civil mexicana y la presión internacional realizada por organizaciones y personas preocupadas por el escalamiento de la guerra en Chiapas, lograron que se promulgara la Ley para el Diálogo, la Conciliación y la Paz Digna en Chiapas, previa consulta a ambas partes en conflicto, aunque finalmente el ejército mexicano en el artículo 13 introdujo un candado que le permitió reservarse el derecho de intervenir cuando considerara que debía garantizar la seguridad interior y la procuración de justicia.

Esta Ley estableció la institucionalidad y legalidad para el diálogo:

–Reconoció que existen dos partes en conflicto: gobierno federal y Ejército Zapatista de Liberación Nacional (EZLN), entendiendo al EZLN como "el grupo de personas que se identifica con una organización de ciudadanos mexicanos, mayoritariamente indígenas, que se inconformó por diversas causas y se involucró en el conflicto armado… iniciado el primero de enero de 1994 en el estado de Chiapas".[3] Creó la Comisión de Concordia y Pacificación (COCOPA), integrada por miembros de la Comisión Legislativa del Congreso de la Unión y representantes del poder legislativo y ejecutivo del estado de Chiapas, para "coadyuvar… y facilitar el diálogo y la negociación y apoyar la suscripción del acuerdo de concordia y pacificación…" (artículos 8 y 9).

[3] "Ley para el Diálogo, la Conciliación y la Paz Digna en Chiapas", en *Diario Oficial de la Federación*, México, 11 de marzo de 1995. Artículos 1 y 2.

–Estableció la necesidad de una mediación, puesto que para desempeñar sus tareas, la COCOPA coordinaría sus acciones con la instancia de mediación reconocida por las partes negociadoras (artículo 8).

–Estableció las reglas básicas de seguridad y de libre tránsito de dirigentes y negociadores del EZLN para hacer posible el diálogo.

Los Acuerdos de San Andrés Larráinzar

El 15 de marzo de 1995 inicia el diálogo entre las partes. Esta primera fase duró 11 meses, hasta la firma de los Acuerdos de San Andrés Larráinzar, el 16 de febrero de 1996.

En los Acuerdos de San Andrés se tiene presente a "los pueblos indígenas", su derecho a la autodeterminación y al uso y disfrute de los recursos naturales, recordando que el Convenio 169 se refiere con esto a tierras y territorios de los pueblos indígenas. También se reconoce a las comunidades indígenas como entidades de derecho público. Los Acuerdos de San Andrés fueron previamente consultados, de manera muy amplia, con la mayor parte de los pueblos indígenas organizados del país, así como también como por muchas instancias del gobierno federal. Su firma, pues, fue plasmada a ciencia y conciencia, tanto por el gobierno federal como por el EZLN. Es precisamente por la calidad de representación de la voz de la mayor parte de los pueblos indígenas organizados, por lo que los acuerdos entre dos partes en conflicto ofrecen la posibilidad de establecer una nueva relación entre el gobierno y los pueblos indígenas, que empiece a saldar la deuda histórica que el primero reconoce con los segundos, además de ofrecer un planteamiento en la secuencia de un proceso de paz. Definitivamente, los

Acuerdos de San Andrés al plantear los derechos de los pueblos indígenas, van más allá del EZLN y del gobierno federal y establecen las bases de una nueva convivencia nacional que reconozca las diferencias como rico aporte para la construcción de una nueva nación mexicana. Una consulta posterior realizada por el gobierno federal a través de sus canales oficiales y con sus propios instrumentos, coincidió casi totalmente con lo propuesto por los Acuerdos de San Andrés.

Un elemento para comprender el origen del empantanamiento actual del proceso de diálogo es la diferencia entre la propuesta de Ley sobre Derechos y Cultura Indígena que la COCOPA elaboró recogiendo los Acuerdos de San Andrés, en la cual el sujeto de la libre determinación son los pueblos indígenas, y la Iniciativa de Ley sobre Derechos y Cultura Indígena propuesta por el presidente Ernesto Zedillo, en la cual el gobierno federal se atribuye a sí mismo el derecho de determinar originalmente, en la ley misma, la forma de ejercer esta facultad, que de hecho es ejercida por el gobierno estableciendo que son las "comunidades indígenas" el sujeto de los derechos, pervirtiendo el contenido profundo de San Andrés y del Convenio 169, desapareciendo de hecho al sujeto histórico en proceso de reconstitución de su identidad. Así, en la iniciativa zedillista, el gobierno se asume como el sujeto de derechos que prelegisla la libre determinación de los pueblos indígenas.[4]

La paramilitarización de Chiapas

Poco después de la firma de los Acuerdos de San Andrés, el gobierno federal empezó una doble estrategia: por un lado

---

[4]Magdalena Gómez, "Iniciativa presidencial en materia indígena, los desacuerdos con los acuerdos de San Andrés", México, 1998 (mimeo.).

aceptó los acuerdos señalando que había algunas dificultades en la interpretación del texto, mientras que por otro, empezó a tolerar y auspiciar grupos paramilitares, estrategia que está muy documentada a nivel nacional e internacional, por organizaciones de derechos humanos nacionales e internacionales.[5]

El rechazo del presidente Zedillo a la iniciativa de ley de la COCOPA abrió la posibilidad para que pudiera darse la masacre de Acteal, porque se promueve una estrategia de la cual después no se tiene control, pero en el cual hubo involucramiento de militares y de policías judiciales para que transitaran y actuaran los grupos paramilitares, a tal punto que después de la masacre de Acteal 10,000 desplazados de guerra no pueden regresar a sus casas porque los grupos paramilitares se pasean impunes en diferentes comunidades de Chenalhó. Y después, en 1998, la iniciativa presidencial de Ley sobre Derechos Indígenas dio un banderazo de salida a la expulsión de observadores internacionales de derechos humanos; al ataque en los medios de comunicación a las organizaciones civiles chiapanecas; mientras los principales grupos paramilitares permanecen impunes y hoy se trata de darles cobertura con la Ley estatal de amnistía y de armas de fuego.

[5] El análisis detallado de las condiciones de surgimiento, responsabilidad y tolerancia gubernamental para la formación y despliegue de los grupos paramilitares puede consultarse en *Chiapas: la guerra en curso*, Centro de Derechos Humanos Miguel Agustín Pro Juárez A.C., México, 1998; *Camino a la masacre. Informe especial sobre Chenalhó*, Centro de Derechos Humanos Fray Bartolomé de las Casas, México, diciembre de 1997, y la *Carta entregada por cientos de organizaciones civiles a Koffi Annan, Secretario General de la Organización de las Naciones Unidas*, 22 de julio de 1998.

Sociedad civil e Iniciativa de Paz Justa

Las organizaciones de la sociedad civil, desde el inicio del conflicto han participado buscando la paz, buscando una lógica civil, vinculando la paz a la democracia y a la justicia. Han sido protagonistas de una serie de acontecimientos a lo largo de cinco años, impulsando una gran participación a todo lo largo del país, y teniendo en los pueblos indígenas al principal sujeto civil. Las organizaciones no gubernamentales apoyan los Acuerdos de San Andrés porque éstos son para todos los indígenas de todo el país, que por primera vez tendrían el derecho a tener un lugar en la Constitución, donde se les reconocería su papel histórico como sujetos plenos de derecho, y con posibilidades de constituirse como "pueblos", como se ha señalado, y no como "comunidades", como pretende el gobierno.

El punto sustancial del reconocimiento a los pueblos indígenas no es sólo la corrección de un texto sino que es la base y eje de los Acuerdos de San Andrés para posibilitar la reconstitución de los pueblos como sujetos. Si se desconociera esto y si desaparecieran como sujetos, quedaría únicamente la cáscara de los Acuerdos de San Andrés, lo sustancial desaparecería. La sociedad civil ha hecho cientos y miles de acciones de imaginación creadora para buscar la paz, desde cinturones poniendo el cuerpo entre el ejército y los zapatistas, hasta campamentos civiles; desde acciones nacionales hasta internacionales a lo largo de los cinco años. La última acción después de la masacre de Acteal fue la reunión de 3,000 personas de la sociedad civil de todo el país con el EZLN para buscar alternativas pacíficas, a fin de fortalecer el proceso de paz. En este encuentro se acordó llevar a cabo una

Consulta Nacional por la Paz y por el Fin de la Guerra de Exterminio, que se realizó el 21 de marzo de 1999, previa a la presencia de representantes del EZLN en todos los municipios del país para buscar una vía pacífica, una vía política, una vía de inducción civil del proceso de paz. Por primera vez en la historia de México, se vislumbra la posibilidad de que los pueblos indígenas sean sujetos reconocidos para la construcción de la nación mexicana, lo cual enriquece enormemente a México. Por eso hoy el respeto a los derechos indígenas es la paz.

Los desafíos de la sociedad civil en la solución del conflicto en Chiapas

GONZALO ITUARTE

L ES TENGO UN saludo de don Samuel Ruiz, que por ser más moreno que la mayoría de los que estamos aquí, hubiera sido el negrito en el arroz. Desde inicios de 1994, cuando me tocó iniciar mi participación como asistente de don Samuel como mediador, antes de que se constituyera la CONAI, y después ya conformada la CONAI a finales de año, le solicité, le supliqué a los representantes del gobierno que negociaran como si hubiéramos tenido 10 años de guerra, para que no sucediera una tragedia como la de Guatemala, donde después de muchísimos años no sólo se tendrían que resolver las causas de la guerra sino también los efectos de la guerra.

Por desgracia en Chiapas estamos en una situación así. No se negoció a fondo. No se asumió con seriedad la trascendencia de lo que se estaba jugando, se mantuvo de trasfondo la lógica militar, aunque se estaba conversando. Ahora hay un deterioro muy grande, fruto de la guerra. Una guerra todavía viva. Ciertamente los dos actores formales de la confrontación, el ejército y el EZLN, no se han enfrentado directamente, pero se ha transferido la guerra a los grupos paramilitares que alegremente han hecho su trabajo como es de todos conocido. Además ahora se les quiere amnistiar, y en el *Libro Blanco* que la Procuraduría General de la República editó sobre la masacre de Acteal de diciembre de 1997, todo se quedó en blanco. Los responsables, según la PGR, son nebulosamente anunciados para protegerlos, porque no se llega a quienes hacen posible que la guerra siga en Chiapas. Como miembro de la sociedad civil y además estando muy cerca, porque me ha tocado levantar a algunas de las víctimas de esta guerra, me parece importante insistir que esta guerra es real, es dramática y muy violenta. Gracias a Dios no tiene la magnitud que tuvo en Colombia o en Guatemala, pero es muy real y se está implementando a través de los grupos paramilitares. Es una guerra muy real, muy dolorosa, es una guerra que expresa la decisión que algunos mexicanos tomaron hace muchísimos años, de mantenerse en el poder a través de la violencia, por la fuerza, por el autoritarismo existente, tanto en Chiapas como por el contagio y la influencia de grupos de poder de otras partes de México.

Hubo una historia previa, muy antigua, que explota en 1994 y se hace más evidente a lo largo de estos años. Es claro que lo que está en juego en esa negociación y en esa guerra localizada en Chiapas es mucho más que el asunto de los pueblos indios, es mucho más que un problema de unos cuantos municipios chiapanecos, es mucho más que Chiapas, es lo que explica la enorme participación civil en el destino de México. La razón de que la comunidad mexicana se involucrara tan ricamente en los diálogos de San Andrés es porque la sociedad civil hizo suyas las demandas que se trataban en la mesa de negociaciones. Para que se lograra un protocolo y unas reglas de procedimiento en la negociación de San Andrés, que son realmente excepcionales porque hacen que la negociación no fuera entre el ejército y los rebeldes o entre el gobierno y los zapatistas, la sociedad civil hacia las propuestas –mayoritariamente el tema indígena dominaba a las gentes de esa especialidad, y se potenció la participación de los pueblos indios–, pero había mucho más que eso.

También hay que recordar que la ruptura del diálogo empezó cuando el gobierno se negó a hablar del tema de justicia y democracia, viendo el activismo y la presencia de la sociedad civil. Se rompió el diálogo cuando sólo habló una parte, la otra tal vez por no tener muchos conocimientos en ese campo se privó de la oportunidad de hablar. Asimismo, cuando empezó a cerrarse el diálogo, a la par inicia el desarrollo de lo que ahora vemos con claridad: la guerra paramilitar. Lo que existe en disputa en Chiapas es el futuro de México. Que sea un país incluyente y que supere la balcanización de la que son víctimas los pueblos indios de México, que no se les ha dejado ser mexicanos hasta hoy. Y que cuando demandan ser mexicanos se les dice que quieren romper al país, país que los ha roto a ellos, los ha aislado y les ha impedido ser actores reales, vivos, dentro de la constitución de la nación. Esto ha empobrecido enormemente a la nación, y en consecuencia a los pueblos indios.

La analogía de la situación mexicana con la de otros países también hace significativo y entendible por qué hay tanto interés internacional en lo que está sucediendo en Chiapas, y por qué hay tanto interés de algunos nacionales para que no se interesen los internacionales y no puedan ver lo que sucede. Hay algo en Chiapas que atrae, que es significativo, y que no es veleidad ni superficialidad de la gente que se interesa por esta problemática. Me parece que la enorme distancia entre el discurso oficial y lo que está pasando en Chiapas es que realmente hay dos carriles, son dos ondas. Sigue habiendo una enorme distancia entre lo que sucede en la realidad y lo que se modela y se propone y se anuncia. Yo todavía estoy esperando mucho de lo que se dice, y obviamente creo que el gobierno no está cumpliendo con los Acuerdos de San Andrés, ni parece que sea su intención cumplirlos, de acuerdo con lo que estamos escuchando. Por ello es bueno saber por dónde va la cuestión.

Lo que está en juego es más civil, más nacional, y por supuesto incluye a los beligerantes exclusivamente indígenas. Es más nacional que chiapaneco: es superar la democracia de "baja intensidad" con lo que se ha impedido el desarrollo de México hacia el futuro. Se ha jugado a la pantalla de la democracia, pero cuando el pueblo quiere ser participativo y activo en un proceso democrático, entonces se le acusa de todo lo que ya sabemos y se impide este avance. En realidad estamos siendo testigos de la resistencia al cambio de un sistema que produjo la guerra en Chiapas. La guerra en Chiapas no la produjeron los indígenas zapatistas ni Fray Bartolomé de las Casas, la produjo un sistema que los mantuvo en esa situación y efectivamente muchos de ellos hicieron la lucha por todos los caminos posibles e imaginables, para lograr un mínimo de condiciones que les permitieran desarrollarse como personas y como pueblo. En cambio se les dio una sistemática represión y persecución, y se desarrolló una gran frustración a través de la corrupción de todo.

Tengo viviendo 21 años en Chiapas, y por ello no puedo dejar de expresar lo que sale desde el corazón de este pueblo, que al estar cerca de él y ver tanta mentira que se dice sobre él, y tanta desgracia que le ha caído, no puedo dejar de rebelarme. Aprovecho estos últimos segundos para decirles a los funcionarios del gobierno, a Adolfo Orive, a quien conocí hace 20 años en una asamblea en la selva, en una organización campesina, indígena por supuesto, donde yo le serví de traductor, y él propuso un modelo de articulación económica. Yo le serví de traductor en la única asamblea en la que participé en 21 años. Decirle a Adolfo Orive, a Alán Arias y a Emilio Rabasa que están equivocados, que no van a solucionar el conflicto. Lo que está pasando en Chiapas se les va a pasar, se les van a ir los dos años que les quedan y no lo van a sacar adelante, porque no están buscando realmente la solución de las causas del conflicto. Están haciendo superficialmente algunas cosas, proponen algunas mejorías, pero empezando por el gobernador que pusieron, es evidente que el camino no va a ser la paz. Y yo sí creo que el pueblo de Chiapas, el pueblo de México, están trabajando por la paz y los tercos que estamos allá seguiremos siendo intransigentes en estar del lado de los pobres, del lado de los indios. Además también seguiremos, cuando sea necesario, siendo protagonistas, si eso ayuda a que el protagonismo del pueblo crezca y que ellos lleguen a ser sujetos de su vida y de su historia, y por lo tanto puedan llegar a ser también mexicanos con los mismos derechos que nosotros.

Los empresarios ante el conflicto chiapaneco

Mario Rodríguez Montero

DURANTE LOS ÚLTIMOS ocho años de mi vida he trabajado en Chiapas. En ese estado se puede constatar que, desde que se dieron los modelos de apertura en México, no se tomaron en cuenta las necesidades de la población para evitar que hubiera un desgarramiento como se está dando ahora en México. Creo que, desde el punto de vista económico, algunos de los problemas que tenemos que solucionar fueron producto de una visión incompleta de lo que significaba una apertura comercial, pero éste es un tema diferente al de esta conferencia.

Desde el punto de vista de la participación empresarial, no nada más la referente al asunto de la paz en Chiapas, sino lo que yo considero que es un problema de todo el sureste de México, me refiero a los seis estados que tienen los indicadores económicos más retrasados del país, que están alrededor de Chiapas, la labor del sector empresarial para poder coadyuvar en el proceso de pacificación se puede dividir en cuatro temas.

El primero de ellos es la profundidad del reto. Es nuestra obligación y algunas empresas lo estamos haciendo, analizar cuidadosamente cuál es la profundidad del reto. Un reto que no tiene paralelo en la historia contemporánea en México, desde el punto de vista de las necesidades económicas y sociales que representa. Es un reto al que muchas veces se tiende a disminuir su importancia por darle mayor importancia a los problemas de corto plazo. Como empresario, mi recomendación a los colegas es que analicemos muy claramente cuál es el verdadero reto económico que hay en Chiapas.

En segundo lugar, estamos en un umbral histórico en la participación del sector empresarial para construir el futuro de México. Tenemos que construir una filosofía empresarial frente a la responsabilidad social. Estamos oprimidos, desde el punto de vista de la opresión de un modelo económico que, si bien es congruente con el propósito de generar utilidades no es compatible con la responsabilidad social ¿Y cómo cumplir con la responsabilidad social del sector empresarial? Tenemos que ser muy claros los que estamos en el sector empresarial: ¿cuál va a ser nuestra filosofía frente a la responsabilidad empresarial?

El tercer tema que quería tratar con ustedes se refiere a cómo transformar esa visión, esa filosofía, en acciones concretas independientemente de que tengamos ejemplos de lo que está haciendo el grupo PULSAR desde hace siete años en Chiapas, en términos de asociaciones con inversionistas chiapanecos para impulsar la producción. Las acciones concretas que el sector empresarial puede emprender no nada más se centran en llevar la inversión y la tecnología adecuada para satisfacer las necesidades del desarrollo económico y social. Es muy importante la labor que el sector empresarial haga para presentar planes concretos al Ejecutivo federal, al Ejecutivo estatal, al Congreso federal y a los congresos locales de los estados del sureste para desarrollar e impulsar soluciones para el desarrollo de esta parte del territorio nacional. En el caso de PULSAR, hemos promovido con mucha fuerza un proyecto de desarrollo para el sureste, está totalmente documentado, ha sido presentado tanto al Presidente de la República como a varios secretarios de Estado. También fue presentado en las diferentes comisiones de los partidos, en la Cámara de Diputados, la Cámara de Senadores y estamos esperando una respuesta.

Finalmente el último tema, que creo muy importante analizar cuando se está hablando de la participación del sector empresarial en el proceso no de pacificación de Chiapas sino en el futuro de esta parte del territorio nacional: es cómo lograr un compromiso empresarial para el desarrollo social en todo México y no nada más en el sudeste mexicano. Y aquí es muy importante lo que desde nuestro punto de vista está pasando en México. Hay una falta de visión del futuro del país, desde el punto de vista empresarial, y yo creo que, como mexicano, lo que más me preocupa es que hay mucho debate de corto plazo, un debate de circunstancias cotidianas, pero no hay una visión: los partidos políticos, los grupos sociales, empresariales, eclesiásticos y de otra naturaleza no resuelven el asunto central: la visión deseada para el futuro. Creo que es un trabajo donde todos los mexicanos tenemos que participar, porque el compromiso empresarial para el desarrollo social de México tiene que estar remarcado en una misión de futuro del país que queremos y, si me permiten hacer una comparación muy sencilla, es como cuando en una empresa estamos viendo las necesidades del grupo a corto plazo, tomando decisiones de operación sólo para resolver el problema del grupo, pero no estamos tomando decisiones estratégicas sobre a dónde queremos llevar a nuestro grupo, a nuestra empresa, en conjunto con el beneficio de la población. Si me permiten esta comparación, exactamente igual está sucediendo en el nivel nacional. Estamos muy preocupados por problemas de corto plazo que atienden a intereses políticos de muy corto plazo y muy sectarios, partidistas; y no estamos definiendo una visión a largo plazo para México.

La participación ciudadana en el conflicto de Chiapas

ADOLFO ORIVE

A NIVEL INTERNACIONAL, al igual que en México y también en Chiapas, es cada vez más importante la participación de la sociedad organizada en el ámbito público. Esta participación ha rebasado en todo el orbe a las instituciones políticas.

Actualmente, las instituciones políticas ya no son suficientes para poder expresar en toda su amplitud las necesidades y demandas de la sociedad, así como tampoco bastan para responder satisfactoriamente como mecanismos exclusivos de agregación de intereses.

Conscientes de la importancia de este nuevo escenario, el Ejecutivo federal y el Congreso han incluido como uno de los cuatro puntos de la actual reforma del Estado, el fortalecimiento y extensión de la participación ciudadana.

Con la conclusión de un largo periodo de estatismo y corporativismo, se ha abierto un importante proceso que finca su marcha en la promoción y el fortalecimiento de la participación ciudadana, la cual para obtener resultados requiere de normas, como corresponde a una sociedad civilizada. En este sentido México aún no cuenta con un marco jurídico satisfactorio que regule la participación ciudadana equilibrando derechos y responsabilidades.

A esta carencia se suman las graves sustituciones en el empleo de los conceptos. Por ejemplo, se confunde "sociedad civil" con organizaciones no gubernamentales (ONG), generando la impresión de que este tipo de agrupaciones representa a la totalidad de los habitantes de un lugar. Del mismo modo, en el caso de Chiapas en particular, se sustituye con unas comunidades indígenas prozapatistas a la totalidad de los indígenas de Chiapas, o a la totalidad de las 56 etnias de este país.

Este mismo razonamiento se aplica cuando algunos actores políticos afirman que los 3,000, 4,000 o 6,000 mexicanos y extranjeros que se movilizan en Chiapas tienen alguna representatividad con relación a los 96 millones de mexicanos que habitan en el territorio nacional. Esta afirmación también constituye una falacia porque México se rige políticamente por los principios de la democracia representativa y no de la democracia directa.

Las 1,000 o 2,000 ONG que pretenden representar a la sociedad civil argumentan a su favor a partir de un discurso de *democracia alternativa*, que genera la impresión de una participación *antipolítica*. Es evidente que un gran número de mexicanos están decepcionados de muchos de los aparatos políticos que componen la trama institucional en este país, pero no es al margen de la ley como se pueden resolver estos problemas sino a través de las instituciones y del marco legal existentes.

No contribuye en nada a la democracia el encumbrar a la llamada *sociedad civil*, supuestamente representada por algunas ONG, como una especie de sujeto histórico espontáneo que aparentemente enfrenta el estorbo del Estado y a sus instituciones. México tiene una democracia liberal que se puede desarrollar y transformar, y para ello existen mecanismos y procedimientos que garantizan el respeto a los demás mexicanos.

Como ejemplo de la viabilidad de los procedimientos democráticos legalmente establecidos, cabe mencionar las consultas. En octubre de 1995, los poderes Ejecutivo y Legislativo federales convocaron a una consulta sobre participación y derechos indígenas en la que participaron 25,000 personas de las 56 etnias que habitan en 18 entidades de la República. Como resultado de este proceso de alcance nacional se elaboró un documento en el que se plasma la opinión de los indígenas participantes acerca de los derechos y cultura que ellos reconocen como propios.

Tampoco se puede considerar una contribución a la democracia el descalificar un proceso de consulta realizado de acuerdo con las modalidades establecidas en la ley y respaldado con la participación de 25,000 indígenas, y sustituirlo con una consulta de carácter voluntario que es más bien una convocatoria de movilización política y que carece de procedimientos estadísticos y representación institucional.

Hay que tener en cuenta que en México todos los habitantes, y no sólo unos cuantos, tenemos el derecho de la construcción del proyecto nacional, y que lo hacemos conforme a las leyes y una Constitución que deben ser respetadas. Éstas también pueden ser reformadas, pero para ello se deben seguir los procedimientos establecidos en las mismas, a fin de lograr un proyecto de nación que sea incluyente.

Por otra parte, en cuanto a las declaraciones que se han hecho de que los grupos paramilitares son apoyados por el gobierno mexicano, cabe aclarar que no hay ninguna prueba de ello. El hecho de que participen personas que hubieran podido pertenecer a instituciones del Estado mexicano no quiere decir que el Estado haya tenido que ver con los grupos civiles armados.

Debate

ESTHER KRAVZOV: Como investigadora de la UNAM y miembro activo de la sociedad civil, quisiera hacer algunas aclaraciones a Adolfo Orive. La sociedad civil no es el equivalente moderno al proletariado del pasado. La sociedad civil tampoco se restringe a lo que hoy día conocemos como los organismos no gubernamentales (ONG), a las cuales se refiere usted con tanto desdén y desprecio. La sociedad civil es una entidad intermedia situada entre la esfera privada y el Estado. Es producto de la vida social organizada, voluntaria, autogenerada, autosuficiente, independiente del Estado y vinculada a un orden legal, que involucra a ciudadanos que actúan colectivamente en una esfera pública para expresar sus intereses, pasiones e ideas. Una gran parte de su trabajo tiene la intención de plantear demandas al Estado y exigir responsabilidad a los funcionarios estatales. Por ello, los actores de la sociedad civil necesitan la protección de un orden legal institucionalizado para proteger su autonomía y libertad de acción. La sociedad civil no es enemiga del poder del Estado, pero sí pretende limitarlo. La sociedad civil puede ser un aliado que le reconoce la legitimidad a la autoridad estatal cuando esta autoridad se basa en el imperio de la ley. Más aún, cuando el Estado mismo, como en el caso mexicano, no respeta las leyes y desprecia la autonomía individual y colectiva, la sociedad civil puede a pesar de ello existir si los elementos que la integran operan conforme a una serie de disposiciones compartidas como son eludir la violencia y respetar el pluralismo. Finalmente, resulta sorprendente su desprecio cuando me parece que lo que intentamos construir con la democracia, aun desde la perspectiva de un gobierno tan poco democrático como el nuestro, es una sociedad civil fuerte.

En esta reunión han participado como ponentes perso- nas que desde posiciones distintas se definen a sí mismos como miembros de la sociedad civil y, cada uno desde su perspectiva, trabaja por construir una sociedad más justa. Pero ya que usted menciona a las ONG, permítame recordarle que el motivo por el que surgen este tipo de organismos se debe, en primera instancia, a la ineficiencia e incapacidad por parte de las instituciones gubernamentales para dar so- lución a los diferentes problemas y demandas de la sociedad. En el caso específico del levantamiento armado en Chiapas, la sociedad civil organizada o de forma individual poco a poco ha logrado hacerse escuchar. No sé si usted recuerda la gran manifestación por la paz, el 12 de enero de 1994, que se realizó en la ciudad de México y que junto con la presión internacional contribuyó directamente a un alto al fuego. Sin duda en ella participaron organizaciones sociales de todo tipo, pero también un gran número de individuos que, decididos a no ser cómplices del gobierno, utilizaron un recurso civil: la voz.

ADOLFO ORIVE: Estoy totalmente de acuerdo con usted, eso es lo que traté de decir. Le agradezco que usted lo haya dicho mejor que yo.

ADELFO REGINO: ¿Por qué en la iniciativa presidencial del señor Zedillo se quita toda expresión relativa a pueblos in- dígenas?, cuando el título mismo de la consulta convocada por el Congreso federal y por el Poder Ejecutivo federal lleva este título y cuando aun en las constituciones de los estados, como en la Constitución de Oaxaca, se reconoce el término de "pueblos indígenas", ¿por qué la iniciativa presidencial reduce sus propuestas en relación con las comunidades? pues el resultado de la consulta fue el buscar otorgar derechos a los pueblos indígenas. En Oaxaca, lo he averiguado, la consulta la hicimos con un enorme interés, pero el resultado fue eso, de que los pueblos exigimos reconocimiento de nuestros derechos como tales, como pueblos, no como comunidades. ¿Por qué entonces no se refleja esto en la iniciativa presidencial?

ADOLFO ORIVE: Viví muchos años en comunidades indígenas, no en San Cristóbal de las Casas. Yo podría decir que la experiencia que viví durante muchos años es que los choles no tienen la más mínima institución, sólo tienen tradiciones culturales, como chol. Los tzoltziles no tienen ninguna institución representativa como tzoltziles, ni los tojolabales, ni los yaquis, ni los mayos, ni los pueblos donde yo viví. Tienen muchos aspectos comunes entre ellos, desde el punto de vista cultural, pero desde el punto de vista representativo, que yo lo haya visto, ¡jamás¡ ¿Por qué sucedió lo que sucedió en la iniciativa del 15 de marzo de 1995, habría que preguntárselo a todos?

DANIEL GARCÍA-PEÑA: Simplemente en este último debate no se pueden contraponer diferentes formas de organización de la sociedad civil con la institucionalidad. Yo creo que hay que buscar complementación y reconocer que la institucionalidad, por perfecta que sea, siempre va a ser insuficiente para que una democracia se refleje. Yo creo que hay que buscar maneras de interlocución que permitan que la institucionalidad se enriquezca de las diferentes formas de organización que conforman la sociedad civil.

RAFAEL REYGADAS: En una encuesta hecha en todo el país con toda la sociedad civil, 73 por ciento de los mexicanos creen que el responsable de la masacre de Acteal es el gobierno federal, los grupos paramilitares y el PRI. El 96 por ciento de la sociedad civil opina que fue justo el levantamiento zapatista. En esa encuesta, hecha por la Fundación Rosenblueth, aparecen claramente los datos de la percepción que tiene la sociedad sobre la política del gobierno hacia Chiapas. Las ONG, son una parte pequeña de la sociedad civil mexicana, que además de Chiapas está preocupada por la pobreza, por el fraude bancario, por la democracia y por muchas otras cosas. La compleja sociedad civil se ha manifestado por la paz, ha respondido a consultas en las plazas, en las calles, en los mercados, en las iglesias y va a hacer la consulta nacional del 21 de marzo de 1999, para buscar apoyar una salida pacífica y no una salida guerrerista.

MARIO RODRÍGUEZ MONTERO: Desgraciadamente no tenemos un modelo común de país ni estamos de acuerdo en cómo lo queremos. La forma concreta donde se ve qué modelo de país queremos se encuentra en el pacto social, en la Constitución mexicana, y por mucho que en los últimos meses se hable de una crisis constitucional, se ve la incompatibilidad de las necesidades de desarrollo del país con la relación que hay entre los diferentes grupos de mexicanos. Como los que vivimos en este país no tenemos otro, voy a decir una idea fundamental, incluso riesgosa: hay que tener valor para examinar la Constitución, para analizarla, para decir qué es lo que queremos del país, y cómo queremos que sea la relación entre los diferentes grupos de esta nación.

GONZALO ITUARTE: Yo percibo que hay una nueva dinámica que está viviendo nuestro país con la participación de esa sociedad civil amplia que incluye al pueblo de México. Se está configurando un nuevo proyecto de nación. Nadie tiene ya la receta, "ya, aquí está". Y creo que no va a suceder de golpe, pero la estamos construyendo, se está gestando, ya es visible un perfil que por lo menos va a incluir a todos los mexicanos, y por lo menos va a ser un país democrático. Ya esas dos categorías, si las logramos, ya es ganancia. Aún falta mucho pero se está apuntando hacia allá. Hemos escuchado pensamientos diversos desde sectores muy diversos y experiencias de gobierno, también es interesante escuchar lo que piensa la comunidad del ITAM y sus invitados. Éste es el camino, el diálogo, y sólo la palabra nos puede acercar, y en eso los pueblos indios, no sólo los de Chiapas sino los de México, son notables por su capacidad de expresar en su palabra su proyecto y su aspiración profunda. Soy optimista, no nos va a derrotar esta situación.

ADOLFO ORIVE: Yo estoy de acuerdo nuevamente con el padre Gonzalo Ituarte. A ambos nos tocó experimentar vivencias que lo dejan a uno muy marcado. Yo también soy muy optimista y creo que el pueblo de México, como los pueblos de muchos países, está encontrando soluciones para el siglo XXI que jamas se hubieran imaginado hace diez, quince, veinte años. Hace diez o quince años las soluciones propuestas por el presidente Ronald Reagan y la primer ministro Margaret Thatcher eran la solución, los propios pueblos norteamericano e inglés se han encargado de mostrar que no lo fueron. En México estamos participando en el diseño de un proyecto nacional, y tenemos leyes, tenemos una Constitución; se pueden reformar, la Constitución y las leyes, pero hay procedimientos para hacerlo. Sigamos esos procedimientos, hagámoslo en paz, encontremos la manera de que el proyecto de nación en el siglo XXI sea incluyente. No se puede tener una nación en un mundo globalizado que no sea incluyente. Tenemos que hacer entre todos un proyecto incluyente. Por otro lado, para mí no es confiable la Fundación Rosenblueth: en Oaxaca dijo que había ganado el candidato del PRD, cuando el triunfo del candidato de otro partido había sido por muchos puntos. Valdría la pena ver la base estadística y el universo con el que realiza estudios la Fundación Rosenblueth.

Experiencias de procesos de paz y el caso de México

Procesos de paz comparados: Chiapas a la luz de América Latina

Cynthia Arnson

E STA PRESENTACIÓN surge de una investigación de cinco años sobre los procesos de paz que han tenido lugar en América Latina. Las experiencias de Nicaragua, El Salvador, Guatemala y, de forma reciente, Colombia permiten realizar comparaciones.

Quisiera señalar que no hay ningún modelo único para analizar tales procesos de paz, pero a la vez sería contraproducente afirmar que las experiencias en otras partes del continente no tienen ninguna relevancia para México.

Para fines de este ensayo, primero se presentará un conjunto de observaciones generales, después unos comentarios sobre el caso específico de México.

En primer lugar, hay una relación causal y de apoyo mutuo entre los procesos de paz y las transiciones democráticas. Un proceso previo de apertura democrática hace posible la negociación, y el proceso de paz promueve o adelanta esa transición. Las guerras insurgentes, entonces, pueden convertirse en fuerzas que impulsen la democratización. Ello ocurre cuando el Estado inicia una apertura democrática, a fin de dar respuesta política a la insurgencia, y cuando el esfuerzo para terminar con la guerra provee la oportunidad de renegociar aspectos importantes de los sistemas político y económico.

El segundo elemento es que las negociaciones sólo pueden avanzar y tener éxito cuando los líderes gubernamentales –los presidentes en particular– son vistos, tanto por la mayoría de la población políticamente activa como por los insurgentes, como legítimos. La legitimidad no depende de la popularidad ni de las políticas específicas adoptadas por un gobierno, sino de que los líderes sean debidamente electos y ejerzan la autoridad que les corresponde. En tanto, la legitimidad de las fuerzas guerrilleras debe ser tal que su presencia en la mesa de negociaciones esté ampliamente acordada. También es importante que lo acordado en la mesa satisfaga las demandas de sectores amplios de la población.

En tercer lugar, y muy importante para el caso de México, es que la agenda de reformas discutidas en la mesa de negociaciones no sólo sea producto de la correlación de fuerzas militares (o mejor dicho, no sea producto de la fuerza militar guerrillera), sino que dependa de la voluntad política de las élites. Si bien es cierto que en El Salvador había un empate militar entre el gobierno salvadoreño y el FMLN, también lo es que en Guatemala se negociaron amplias reformas con un ejército guerrillero básicamente derrotado.

Tanto en El Salvador como en Guatemala las élites –particularmente las que controlan el gobierno civil, pero también las que lo hacen en las fuerzas armadas– usaron el proceso de negociación para tratar de modernizar instituciones clave del Estado. Visto desde esa óptica, un proceso de paz se convierte en un vehículo de enfrentamiento con problemas que no podían ser resueltos en el sistema político actual.

Como cuarto aspecto, hay que tener presente que la teoría de las resoluciones de conflictos ha mantenido durante mucho tiempo la idea de que el momento propicio para una negociación implica o depende de un *empate mutuamente doloroso*. Ello es definido como un veto mutuo en el cual una intensificación de la guerra no deja ninguna posibilidad de salida al conflicto.

La idea de que el *empate mutuamente doloroso* es principalmente una condición objetiva, basada en la correlación de fuerzas militares, ha cambiado en los años noventa para dar prioridad a las percepciones de los actores y sus cálculos de intereses, cálculos de su futuro sin o con el conflicto militar. La perspectiva "realista" en las relaciones internacionales enfatiza la fuerza militar como la base del poder. Nuestra experiencia, de acuerdo con el análisis de otros procesos de paz en América Latina, nos lleva a afirmar que los cambios de percepciones en los intereses son los elementos más importantes para decidir si el proceso de negociación camina o no. O sea, un análisis de las "condiciones objetivas" sin considerar los elementos humanos de la percepción y del proceso de toma de decisiones, nos sirve para explicar las posibilidades o no de un proceso de paz.

En quinto lugar, si los acuerdos de paz son nuevos pactos entre las élites, la incorporación de la sociedad civil –concebida de forma amplia– aumenta la representatividad de los acuerdos. También la presencia de otros actores crea un sentido de "adueñamiento" del proceso en la época de posguerra, entendida como un grupo de gente que tiene un interés activo en el éxito del proceso.

La incorporación de la sociedad civil en el proceso formal de las negociaciones, y en el seguimiento y verificación de los acuerdos, es aún más importante cuando los insurgentes no gozan de un apoyo político amplio o no representan directamente a grandes sectores de la población.

En sexto lugar, el papel de la comunidad internacional como mediadora y verificadora de los acuerdos fue clave en los procesos exitosos que tenemos como referencia. Es decir, cuando existen altos grados de desconfianza y odio, un actor neutral e imparcial puede ayudar a construir confianza y superar esos obstáculos.

Pero ver el papel de las fuerzas exteriores como un *deus ex machina* que salva a un país de sí mismo es también erróneo. El ingrediente más importante fue, y sigue siendo, la voluntad o el deseo de las partes de encontrar una salida negociada.

¿Qué quiere decir todo esto para México?

Primero, que un proceso de paz es posible. No depende de un *empate* militar, ni mucho menos de un aumento de actividad militar por una o ambas partes.

Segundo, el crecimiento de actividad paramilitar representa una amenaza fuerte a las posibilidades de la paz futura. Aún más: si el paramilitarismo adquiere grados de autonomía o independencia, se convierte en otro factor que habría que tratar en el proceso, como está pasando ahora en Colombia.

Tercero, la crisis de confianza creada por la no instauración del Acuerdo sobre Identidad y Derechos Indígenas firmado en San Andrés Larráinzar en febrero de 1996, tiene que ser superada por medidas audaces del gobierno.

Cuarto, que la distinción entre negociar con el EZLN lo que tiene que ver exclusivamente con Chiapas y no negociar asuntos nacionales es una división falsa. Una negociación con los zapatistas sí puede ser el foro en el cual se debatan reformas amplias para todo el país, pero en ese caso la importancia de incluir elementos de la sociedad civil de manera directa es prioritaria.

Quinto, una negociación con los zapatistas puede ser usada por corrientes reformistas del gobierno para enfrentarse a los múltiples desafíos que enfrenta México a finales del siglo XX, aumentando la legitimidad del Estado para que los sistemas político y económico tengan bases más sólidas.

Finalmente, la política de alianzas –no de fuerza militar–, como la que existió en Guatemala, sirve como precedente útil, tanto para el gobierno como para el EZLN, a fin de que las negociaciones de paz evolucionen de forma exitosa.

De la guerra a la política: desafíos del proceso de paz en Chiapas

Manuel Camacho Solís

ANALIZANDO LO QUE ocurrió durante las primeras semanas y meses del conflicto chiapaneco, se plantea con toda claridad que precisamente ése era el dilema y ésa era la solución que había para el caso mexicano.

En el caso mexicano, en lo que toca a la transición a la democracia, si no hubiera sido por el conflicto chiapaneco muy probablemente no tendríamos un Instituto Federal Electoral con la independencia que tiene hoy día. O sea, desde el inicio, el conflicto en Chiapas estuvo muy vinculado a la situación política nacional. El 27 de enero de 1994 se firmó el acuerdo entre los candidatos a la presidencia que llevó a la reforma que permitió la creación de la figura de los Consejeros Ciudadanos en el Instituto Federal Electoral (IFE). El problema fue que no se siguió en esa dirección y todo ese impulso terminó. Pero fue una gran oportunidad y era una manera de contribuir a solucionar el conflicto. Después de que se firmó el acuerdo entre los candidatos a la presidencia, hubo una presión enorme por parte de la sociedad civil, de la opinión pública y de nosotros al EZLN, que contribuyó a que se sentaran a negociar. Éstos son hechos que confirman esta conclusión.

El segundo punto es la parte que se refiere a la legitimidad, es crucial. Había un cuestionamiento a la autoridad del presidente y eso complicaba adicionalmente cualquier forma de negociación. Pero precisamente en la posibilidad de con-

171

ducir la negociación por la vía de las reformas, se podía recuperar parte de la legitimidad, o por lo menos establecer una base para la legitimidad futura. Lo que tiene que ver con la amplitud de la agenda de la negociación y el problema de si vamos a la *real politik* o vamos a otra concepción del poder. No fue únicamente un problema de correlación de fuerzas militares frente al impacto o repercusión de los discursos políticos. Sino quien, en una sociedad abierta y en una sociedad globalizada, fenómenos como los que han ocurrido en Chiapas tienen repercusiones no sólo en México. Un ejemplo de ello es la expectativa tan favorable que sobre México se había generado vinculada a la aprobación del Tratado de Libre Comercio entre 1991 y 1993, en el momento en que esa percepción cambió por la crisis de Chiapas, los medios de comunicación de los Estados Unidos y en general de todo el mundo sufrieron un impacto bárbaro que los llevó a cambiar completamente sus percepciones. Entonces, cuando la noticia de Chiapas ocupa las primeras planas en el *New York Times* y en todos los noticieros de televisión, tuvo consecuencias políticas reales. ¿Por qué? Porque eso implica una presión sobre el Congreso de los Estados Unidos, sobre el presidente de Estados Unidos. También repercutió en la percepción de confianza que hay en Wall Street sobre el país.

También tuvo efectos internos en México y provocó reacciones internas. No sólo es por la legitimidad o no de lo que sostiene a un movimiento rebelde, o de lo que la sociedad civil quiere aprovechar para llevar esto a la posibilidad de impulsar otras reformas, sino porque en sí mismo, por lo menos en el caso de Chiapas, se da un fenómeno en cadena que tiene repercusiones muy importantes en la economía y las relaciones internacionales del país. Aunque el balance militar entre las fuerzas era desproporcionado, de todas maneras hay una consecuencia en términos de *real politik* y un impacto real sobre las consecuencias del desarrollo de la injusticia indígena.

La parte que tiene que ver con el empate o no empate de fuerzas, la percepción y el cálculo que nosotros hicimos cuando estalló el conflicto incorporó estas variables. Ésa fue la posición que tuvimos que mantener desde el primer día en las pláticas. Por ejemplo, El Salvador tuvo que llegar a un desastre donde murieron miles de gentes. ¿Por qué no evitarlo en México y ahorrarle así años de sufrimiento a la gente? Pero se necesita llegar a reformas de esa magnitud. Si finalmente en eso va a terminar el conflicto, ¿por qué no nos adelantamos y con previsión política vamos para adelante? Los cálculos de balance de fuerzas son muy relativos. El gobierno mexicano cuenta con superioridad militar evidente, pero la correlación de fuerzas no sólo está determinada por el aspecto militar, entre otras razones porque actualmente no se puede emplear al ejército de manera ilimitada en ninguna parte del mundo. Uno puede tener 100,000 soldados contra 1,000, pero a lo mejor no los puede usar en forma como se pudieron usar en el siglo XIX, en la batalla que participó Winston Churchill en el sur de África. Eso ya no se puede hacer hoy día en el mundo. Y sin embargo hay elementos que contribuyen a que pueda haber otro tipo de balance: la influencia de la opinión pública, la percepción de los intelectuales, la fuerza del apoyo social regional, las alianzas que puedan darse.

En el caso de Chiapas, por ejemplo, hay un factor que era un elemento real de poder, que además lo vimos dos o tres veces. Lo vimos en la primera gran manifestación de 1994, cuando el padre Miguel Concha ofició una misa; y lo vimos también después del 9 de febrero de 1995: la capacidad para movilizar en 48 horas a más de 100,000 gentes en la ciudad de México. Lo que es claro es que el que moviliza 100,000 gentes en la ciudad de México tiene poder real. Este aspecto tiene que verse en toda su complejidad, no son correlaciones simples, son correlaciones que finalmente tienen una extensión política, y que pueden llegar incluso a tener repercusiones económicas.

Finalmente, en lo que se refiere a los pactos de las élites y el problema de verificación, yo creo que, en efecto, en un asunto de esta naturaleza lo más importante es que se establezca y se recupere la confianza. Quien decide ir a una guerra es alguien que ya perdió por completo la confianza. Decirles a los zapatistas que volvieran a creer en el gobierno era prácticamente imposible. ¿Por qué? Porque ellos ya habían optado por la guerra. Es decir, es completamente distinto tener una relación con una persona armada y que está dispuesta a morir, a tener una relación con alguien que está en la calle protestando contra un desalojo de un terreno, o porque quiere una vivienda. El nivel de decisión que hay en alguien que toma las armas es equivalente a pensar que no hay retorno. La pregunta central es: ¿cómo se construye la confianza cuando ésta casi no es posible? La solución que parece más fácil es pensar que venga alguien del extranjero y tener un mediador internacional como en El Salvador. Pero México no es El Salvador, y el Estado mexicano no es el Estado salvadoreño. Lo que ha sido una lástima y una tragedia es que un Estado con estos recursos y con estas capacidades, no haya podido encontrar la manera de conducir la negociación y ganar la credibilidad.

¿La credibilidad se puede o no se puede construir? Creo que sí, pero ¿cómo se logra? La credibilidad no se puede construir de nuevo con palabras cuando ya se perdió por completo; la única manera posible es construirla con hechos consecuentes. No puede haber un solo hecho que no corresponda con lo que se está diciendo, porque ese día se acabó todo. Hay que considerar que no va a ser un solo movimiento el que va a lograr la confianza. Coincido con las conclusiones de Cynthia Arnson de que donde está la clave de la paz es de parte del gobierno, no sólo porque éste ha violado acuerdos que debía haber respetado sino porque la otra parte no tiene el espacio, ni la manera, y ni siquiera creo que la tenga la sociedad civil. ¿Por qué? Porque la sociedad civil no tiene el mismo nivel de organización ni los mismos recursos que el Estado mexicano. La sociedad civil acompaña, la sociedad civil puede ayudar a verificar; pero la sociedad civil no puede sustituir al Estado porque no tiene control sobre los instrumentos del Estado. La principal responsabilidad, en un proceso de esta naturaleza, necesariamente tiene que provenir del gobierno.

Regresemos al asunto fundamental, que es el de las reformas y de cuál es el Estado y cuál es el régimen del que estamos hablando. Si a quien encabeza el Estado lo que interesa es paralizar los cambios, mantener el *statu quo*, proteger las complicidades, el proceso de paz no va avanzar. Si desde el Estado hay la capacidad y la visión para conducir las transformaciones, el proceso de paz va a encontrar los pasos políticos para caminar. El problema ya no es solamente Chiapas, el problema es el país en su conjunto. Son los dilemas del país los que pueden o no darle una respuesta y un espacio para encontrar un acuerdo que conduzca a las negociaciones de paz en Chiapas.

Los Acuerdos de San Andrés Larráinzar y la conflictiva búsqueda de un acuerdo de paz en Chiapas

Marco Antonio Bernal

A EFECTO DE LOGRAR una mejor comprensión del proceso de negociación política entre el gobierno del presidente Ernesto Zedillo y el EZLN, en la etapa durante la cual me correspondió encabezar la delegación gubernamental, es conveniente abordar la exposición considerando tres etapas:

1. La definición del marco legal.
2. El proceso de negociación.
3. Los acuerdos de San Andrés en materia de derechos y cultura indígenas y la suspensión unilateral del diálogo por el Ejército Zapatista de Liberación Nacional.

Definición del marco legal

El proceso de negociación que el gobierno del presidente Zedillo inició en el mes de abril de 1995 ha sido inédito para los procesos de esta naturaleza. Se trató de un proceso de paz regulado por la ley e involucró un consenso sobre la ruta que debe seguir el tratamiento del problema planteado por el Ejército Zapatista de Liberación Nacional.

En el caso de la Ley para el Diálogo, la Conciliación y la Paz Digna en Chiapas, expedida por el Congreso de la Unión el 11 de marzo de 1995, destacan varios puntos que expresan la voluntad política para resolver, de una manera política e inclusiva, los problemas planteados por el EZLN.

La ley incorpora el interés público para que en Chiapas se firme la paz, se reconcilie la sociedad y se establezca una vía legal para la expresión de las inconformidades que el EZLN ha enarbolado. Así, el proceso de negociación es regulado, tiene un carácter público; se reconocen las causas sociales del origen del problema, se reconoce a los distintos actores del conflicto y se distribuyen las responsabilidades de cara al proceso de negociación y a la construcción de la paz.

Dos hechos marcan la generación de la aceptación por todos los actores políticos involucrados, del camino del diálogo, la negociación y los acuerdos como una ruta viable para la paz: por una parte, el reto del EZLN al gobierno federal, expresado mediante el desborde de posiciones del 18 de diciembre de 1994, de 4 a 38 municipios en Chiapas; y por la otra, la recuperación por parte del ejército mexicano, el 9 de febrero de 1995, de los territorios en los que el EZLN afirmaba tener presencia.

Realmente, el peligro de una polarización extrema que hiciera inevitable la reanudación de hostilidades convenció a todos los actores involucrados, con la decisiva participación de las fuerzas políticas representadas en el Congreso de la Unión, de la necesidad de ponerse de acuerdo sobre una ruta de negociación. Este consenso se expresó en la Ley para el Diálogo, la Conciliación y la Paz Digna en Chiapas.

Proceso de negociación

La ley otorgaba certidumbre al proceso de negociación; sin embargo, se requería establecer y afinar otros aspectos que son fundamentales a un proceso de paz, como son tiempos, mecánica de negociación y alcance de los acuerdos.

Aspirar a un proceso rápido era realmente imposible, porque si bien había consenso en cómo abordar el problema y podría haber consenso de que la solución final debía ser política, no existía acuerdo sobre los pasos intermedios que llevarían a la recuperación de la paz con dignidad, establecida como objetivo supremo de la ley.

Tampoco se podía hacer una negociación rápida, porque el formato debía servir para pavimentar la propia salida política del Ejército Zapatista de Liberación Nacional.

Para el momento en que nos estamos situando, entre los meses de marzo y abril de 1995, las condiciones que se tenían plantearon la necesidad de establecer también una mecánica con principios, garantías y reglas para negociar. Se vivía en una situación de ausencia de guerra, pero de tensa expectativa de la sociedad sobre la forma en que el gobierno podría resolver el conflicto de Chiapas.

La negociación tenía también que acompasar dos momentos: el acuerdo con el EZLN y el consenso con los diferentes actores y fuerzas políticas de la entidad, para que el diálogo tuviera viabilidad.

Se optó así por la ruta de llegar a un acuerdo político con el EZLN mediante sucesivos acuerdos parciales de temas establecidos en una agenda pactada entre las partes. El acuerdo final debía ser la suma de los acuerdos parciales.

Esta dinámica podía llevar a una percepción de tiempos largos, a veces cansados para la opinión pública, en donde en muchas ocasiones parecía no haber resultados concretos. Pero piénsese que, durante el tiempo en que el EZLN se mantuvo en la mesa de diálogo, las partes signaron 13 acuerdos en los que se establecieron principios, reglas de procedimiento, una agenda de temas de negociación y la mecánica y logística que debían seguir las conversaciones y propuestas de solución a los diversos problemas que el propio proceso de diálogo iba revelando.

La agenda era un instrumento para ubicar los temas problemáticos como conceptos generales y, al mismo tiempo, ir aproximándonos a los contenidos que el EZLN consideraba en sus reivindicaciones, pero que también son importantes para otras fuerzas del país.

Este esquema de negociación permitió varias cosas. La primera, darle confianza y certidumbre a la sociedad de que el conflicto planteado por el EZLN tiene que ser resuelto mediante el diálogo y la negociación política. Esta percepción caló hondo en la conciencia nacional, ya nadie piensa que es razonable reanudar hostilidades. Se reafirma que es preferible negociar a confrontar y que es posible lograr la paz con un acuerdo político.

El esquema de negociación también permitió posibilidades de acción política al EZLN, como parte del proceso de conversión a una fuerza política que actúe en el marco legal de las organizaciones políticas de nuestro país.

Por otra parte, la existencia de un proceso de negociación activo entre el gobierno y el EZLN se reveló como una de las condiciones necesarias para revertir el clima de violencia que aún existe en las zonas donde tiene presencia o influencia el EZLN. La mejor garantía de que exista distensión es que se dé un proceso de negociación que permita perfilar un clima de reconciliación social y una salida política y negociada al conflicto planteado por el Ejército Zapatista de Liberación Nacional.

Los Acuerdos de San Andrés Larráinzar y la suspensión unilateral del diálogo por el EZLN

Se ha dicho mucho sobre los Acuerdos de San Andrés Larráinzar. Sin embargo, lo que es posible desprender es que han sido poco leídos y analizados y escasamente comprendidos.

Hay un elemento del formato y de las reglas de negociación pactados entre las partes que los explica. Respecto del formato, hubo una amplia consulta para hacerlo, y pese a lo que se ha difundido en varios textos de personas ligadas al EZLN, no se ha reconocido la firme voluntad del presidente Zedillo para lograr un consenso en esta materia. Tanto la redacción como la presentación de los acuerdos –y los actores del proceso de diálogo no lo pueden negar– partió de una propuesta del gobierno federal.

El formato permitió una amplia discusión política de cada tema, dio espacios de movilidad al EZLN y se pudo crear un gran espacio de opinión en donde las responsabilidades sobre el proceso de paz eran exigibles públicamente.

El segundo punto que se ha pretendido omitir es el alcance de los acuerdos y compromisos firmados. Hay documentos que comprometen al gobierno del estado de Chiapas. Hay documentos que las partes convienen en proponer al Congreso de la Unión, y hay documentos que manifiestan la voluntad común, también de las partes, de transitar por un determinado camino para resolver los problemas indígenas de México.

Por no atender estas diferencias en el contenido de los acuerdos firmados, han venido tanto la acusación de incumplimiento como la confusión, por parte de la opinión pública, del acuerdo firmado con diversas iniciativas de ley generadas por distintos actores políticos.

Si los acuerdos no se han materializado ha sido en buena medida porque las distintas fuerzas políticas abandonaron el consenso que había hecho posible justamente a la ley para el diálogo y el mismo proceso de negociación.

Es normal que conforme avanza un proceso de negociación de esta naturaleza, la relación de los actores se desgaste. También es normal que en un proceso largo de negociación, éste sufra los embates del entorno político en que se mueve, y hay que buscar en la convergencia de estos dos elementos la explicación de la suspensión unilateral del diálogo por parte del EZLN, más que atribuirlo a una supuesta voluntad perversa del gobierno federal para escamotear los acuerdos firmados.

De hecho, los riesgos de ruptura del proceso de negociación siempre estuvieron latentes. En varias ocasiones, la reticencia a la negociación se presentó por parte del EZLN. A pesar de que las reglas de procedimiento pactadas entre las partes contenían la previsión de avanzar por sobre las diferencias que se fueran presentando y resolver éstas en la propia mesa de diálogo.

En el momento en que EZLN consideró que podía lograr sus fines sin acudir a la mesa de negociaciones, planteó la suspensión unilateral del diálogo, el 31 de agosto de 1996. No obstante la voluntad acreditada en los hechos que ha mostrado el presidente Zedillo para restablecer las pláticas de paz, se ha vivido desde entonces una situación de paréntesis, con los riesgos que implica la persistencia de asuntos no resueltos y la tensión social que genera el abandono del diálogo.

El proceso democrático en México ha avanzado tanto que se requiere construir otro consenso para articular un nuevo proceso de negociación. Es posible asumir que el formato, las reglas y el procedimiento tengan que ser diferentes, pero por lo pronto es indudable que en Chiapas se tienen que proseguir los esfuerzos que lleven a asegurar la vigencia del estado de derecho, atender las necesidades sociales de las comunidades, establecer mecanismos que logren la reconciliación entre las comunidades, propiciar un clima de distensión y promover el desarrollo social, en tanto se logra que el EZLN responda a las iniciativas que por diversas vías el Presidente de la República les ha presentado.

La Comisión Nacional de Intermediación y la solución negociada al conflicto en Chiapas

Miguel Álvarez Gándara

VOY A PONER en la mesa algunas ideas generadas de mi experiencia en la Comisión Nacional de Intermediación (CONAI).

El primer hecho es la constatación de que vivimos una crisis general no sólo del proceso de negociación, sino del conjunto del proceso de paz: de su concepción, de sus condiciones de negociación y de sus vínculos con la problemática y la agenda nacional. Hoy se vive un muy sólido y complejo *impasse* que no ofrece condiciones a corto plazo para poder reanudar el diálogo y la negociación. Hay un riesgo de incremento de la polarización y de la violencia, no sólo en Chiapas. A lo anterior influye una situación nacional de crisis política, de crisis económica, y la multiplicación de otros grupos armados por el país (hasta en donde entiendo hay ya 18). Además esta crisis general no es espontánea, sino el producto de una estrategia consciente.

La segunda idea se basa en tener presentes los elementos de esta crisis. El gobierno se ha preparado ahora a una tarea diplomática internacional para decir "la verdad" de Chiapas, en el sentido de que no hay guerra. Está abierta una disputa sobre la definición del conflicto, una disputa de caracterización. Yo creo que no sólo es la discusión de si hay guerra o no, si el estatus del conflicto sigue siendo un conflicto armado interno o no. Sino que también hay una disputa sobre la propia caracterización del conflicto. Y no sólo en

México sino en muchos otros países y circuitos de paz, me parece que no hay la suficiente claridad sobre el carácter y las implicaciones del conflicto y por lo tanto no hay claridad en las condiciones e implicaciones del tipo de negociación y del tipo de paz que se necesita. Muchos creen que estamos ante una re-edición de los conflictos centroamericanos o de los conflictos generados para la toma armada del poder. Otros creen que es una versión latinoamericana de los "conflictos étnicos" tipo ex Yugoslavia, tipo África, en que el planteamiento de las culturas y de las autonomías son una vía de rompimiento de los actuales Estados-nación.

Chiapas expresa un nuevo tipo de conflictos que se refieren no sólo a una larga lista de causas y de explicaciones estructurales y de fondo, que afectan a la problemática actual del ejercicio del poder por el régimen, e incluso se plantean también en el marco de la globalización. Y así habría que entender que el carácter del conflicto se explica más por sus causas que por el tamaño militar o las características del EZLN, actor que encabeza la rebelión. Y en este sentido habría que hacer notar que a pesar de que hay muchas razones de orden social y económico en el conflicto, la agenda principal no se explica por esto, sino por razones de dignidad y de estricta transformación política. Hay una demanda de reincorporación de fuerzas de Estado y de sociedad en donde también los pueblos indios puedan tener su lugar.

En tercer lugar, he tenido el honor junto con Gonzalo Ituarte de acompañar a don Samuel Ruiz desde el principio; darle la bienvenida el 10 de enero de 1994 a Manuel Camacho como primer comisionado para la paz, y de ahí en adelante a todos, a Marco Antonio Bernal, etcétera. Para entender el proceso de paz, si analizamos los cinco años, han habido muchas etapas, han habido ajustes estratégicos y, sin embargo, a la larga uno puede encontrar también las constantes que la lógica del Estado ha ido aplicando. Para ubicar el momento actual, vale la pena insistir en que actualmente uno de los problemas centrales de la estrategia del Estado está en la consideración de que es el factor militar y las condiciones militares lo que crea condiciones para la salida política. No hay una supeditación de la lógica militar a las necesidades de la política, sino hay la imitación de la política a las condiciones y peculiaridades del enfrentamiento militar. Y esto entra en profunda contradicción con el carácter del conflicto, porque en nuestra opinión, el conflicto chiapaneco, el conflicto mexicano que se expresa a través de Chiapas, tendría que ser resuelto sobre la base de la evaluación nacional de las causas y no sobre la prueba de que la acción militar se da a nivel nacional. De igual manera, si la sociedad civil se midiera sólo en la capacidad civil para hacer presencia en Chiapas, en esa lógica se podría decir que en México no hay sociedad civil mientras no sea capaz de mostrar su fuerza en una movilización de 50 millones de mexicanos.

Hay una causa que no se debe de medir en la lógica de lo militar, lo que explica la ambigüedad de la ley del 11 de marzo de 1995. Es por un lado un avance político importante, por cuanto es la manera mexicana de darle beligerancia al EZLN, de darle reconocimiento como un actor mexicano con el cual negociar, pero sobre todo porque señala que la paz es un proceso de negociación orientado a la solución de las causas del conflicto, estableciendo una institucionalidad, procedimientos, etcétera. Sin embargo, al mismo tiempo que se dan estas ventajas en la ley, la ley consagra en su artículo 13 la autonomía de las fuerzas y lógica militar de seguridad, al plantear que actúan bajo su propia responsabilidad, sin depender ni adecuarse a las necesidades de la negociación. Mientras esta situación se esté dando –y no es un problema sólo de la estrategia de la Secretaría de Gobernación– se da una estrategia de Estado que involucra al actor militar, que no está supeditado a los planteamientos de la Secretaría de Gobernación. Por ello se necesita entender el problema de la estrategia de Estado en su conjunto y en el profundo error que es considerar que la única estrategia de Estado es la que actualmente se está desarrollando, porque basa en el componente militar a la consideración de que el conflicto tiene que ser resuelto en esa lógica y secundariamente en las causas.

La cuarta idea sería también, viendo a largo plazo y recordando que en estos años ha habido fundamentalmente dos modelos de negociación: el de los Diálogos de Catedral en 1994 y el de la Mesa de San Andrés en 1995 y 1996. Hubo una variación, un complemento del modelo de San Andrés, que fue el de la "vía paralela", una negociación privada de las partes a través de la COCOPA. Pero en todo caso, tanto en los dos modelos, como en la vía paralela, el testimonio que vivimos los miembros de la mediación es que siempre se cayó en crisis de confiabilidad, porque para convertir la negociación en acuerdos y en hechos, no había la voluntad del Estado para llegar a una solución que implicara el reconocimiento de causas y actores nacionales. También aquí se ha tenido el problema de diagnóstico y caracterización.

Se ha roto el esquema de negociación de San Andrés. Se trabó desde que se empezó a complicar la negociación del segundo tema, desde el momento en que se busca saltar la interlocución con los indígenas buscando la "vía paralela". Actualmente con el nuevo equipo de negociación que encabeza Emilio Rabasa se busca un nuevo modelo, se le llama de "diálogo directo", supuestamente sin condiciones, en donde el Estado plantea una estrategia que no sólo reduce el carácter del conflicto, sino que ha venido labrando con su acción militar un nuevo estatus, diciendo que no se trata de un enfrentamiento nacional, sino entre indígenas. Se busca justificar por parte del gobierno que este enfrentamiento local se deriva de problemas locales causados por la extrema pobreza, buscando el enfrentamiento entre actores chiapanecos, para crear contradicciones entre el EZLN y otros grupos de indígenas para con ello pretender liberarse de responsabilidades como parte. Para desarrollar esta estrategia, labrando este estatus del conflicto, ahora pretenden un tipo de negociación en donde al EZLN se le reconozca sólo por su tamaño militar, haciendo a un lado las causas de fondo del conflicto, y desconociendo todo lo que con gran dificultad se venía construyendo desde San Andrés. Nosotros no vemos ninguna condición a corto plazo para un diálogo directo que reduzca el diálogo y la negociación con el EZLN, solamente tomando en cuenta el tamaño de su fuerza militar.

En quinto lugar, por lo tanto, hay que pensar en qué puede pasar si sigue hoy este entrampamiento tan profundo, que se da a la par de la situación política y económica nacional tan tensa. Yo coincido con quienes plantean que el problema central y principal sigue siendo el de la estrategia del Estado mexicano. Mientras no se logre como sociedad convencer al Estado de que sí es posible otra estrategia que no se fundamente en lo militar, sino que apueste definitivamente a la vía de la política, entendiendo las causas del conflicto, no avanzará la negociación. Sin esta nueva estrategia, yo no veo cómo se va a resolver una crisis tan compleja del actual proceso de negociación y de paz. La esperanza está en que también rehagamos y reorientemos la concepción y el proceso de paz. La paz no sólo es aquello que puedan ser capaces de negociar las partes, sino el amplio proceso de incorporación de actores y condiciones para que la negociación entre las partes se vincule con el conjunto de las fuerzas, espacios y agendas de la sociedad y el pueblo de México.

Yo entiendo también que para crear condiciones de este marco cualitativo de concepción de paz y de negociación, no se puede partir de cero, sino a partir de donde estrictamente se trabó el proceso, ahí en donde está paralizado el cumplimiento del primero de los siete temas, de acuerdo con la agenda de la negociación. Ahí se tiene que rehacer el proceso, sobre la base no sólo de trabajar en torno a la negociación sino para crear condiciones que beneficien al conjunto del proceso de paz. Y para ello me parece sustancial la participación solidaria, de colaboración, de participación cada vez más creciente de organismos, de instancias, de circuitos internacionales que entienden que si bien la escala mexicana del conflicto no es todavía tan grande, sin embargo está en germen ya en el conflicto mexicano una ruta similar a la de Colombia. En México no es viable, como se intentó hace poco tiempo, pensar en una solución tipo Guatemala. No bastan salidas para los actores. La única vía es crear condiciones para encontrar soluciones a las causas y eso no se podrá hacer mientras se pretenda aislar a Chiapas del conjunto de los problemas nacionales. Mientras la paz no se entienda como un eje articulador de la transición a la democracia, a la justicia, y a los derechos humanos, difícilmente se podrá rehacer el camino.

Finalmente, es la paz una oportunidad de transformación y es ahí en donde está la clave. Es ahí en donde también habrá que generar una nueva mediación como expresión de que se rehagan las condiciones de negociación. No fue la mediación la explicación principal de la crisis y del conflicto; la mediación tuvo que terminar y eso es un rasgo del *impasse*, una expresión de que se habían agotado las condiciones de negociación. Hoy la tarea inmediata, más que insistir en una mediación o forzar a un diálogo de corto plazo, está en rehacer las condiciones de fondo para reorientar la paz a la solución de las causas del conflicto.

Debate

RODOLFO STAVENHAGEN: Quisiera hacerle tres preguntas al senador Bernal. Senador, usted dice que se fue perdiendo el consenso de las fuerzas políticas que antes había. ¿Cuáles serían a su juicio los factores principales que contribuyeron a lograr la firma del único acuerdo que hasta ahora se ha firmado entre el EZLN y el gobierno federal? Segundo, ¿cuáles fueron los factores fundamentales para que se interrumpiera esa negociación y ya no pasara a la siguiente etapa exitosamente, como sí se logró en la primera etapa de la negociación? Y tercera pregunta, ¿cuáles son, a su juicio, las razones por las cuales el presidente Zedillo rechazó la iniciativa preparada por la COCOPA sobre la iniciativa de ley que había sido aprobada, aparentemente, vía COCOPA, y aceptada por el EZLN?

PREGUNTA A MARCO ANTONIO BERNAL: Si pudiera precisar, cuando se habla de que se fue acabando el acuerdo de las fuerzas políticas, ¿cuáles tendencias políticas se expresaron dentro del gabinete o a las fuerzas políticas externas al gabinete? Porque usted insiste mucho en que se fue acabando el acuerdo de las fuerzas políticas, o sea, ¿dónde se dio la rivalidad, cuáles fuerzas y qué posturas tuvieron?

MARCO ANTONIO BERNAL: Cuando hablo de fuerzas políticas no me refiero al gabinete del presidente Zedillo, estoy hablando de los partidos políticos nacionales, en donde el PAN tomó su rumbo, no le interesaron muchas cosas de los acuerdos; el PRD tuvo otra visión de los acuerdos, y el PRI otra. A eso me estoy refiriendo cuando hablo de una ruptura del consenso de las fuerzas políticas. Y también es así que actualmente en el Congreso hay tres visiones y tres iniciativas de ley. Creo que las preguntas son muy pertinentes y me permitirán hacer algunos comentarios sobre la intervención de Miguel Álvarez.

Miguel Álvarez dice: ¿por qué el acuerdo? El acuerdo se dio básicamente por dos razones. Una, hubo voluntad del EZLN de transitar por ese tema. ¿Cómo se expresó esta voluntad? Con la gran riqueza de planteamientos, exposiciones, la gran cantidad de invitados. Y dos, hubo voluntad del gobierno federal, que también se expresó en una gran cantidad de participantes en ese proceso, y de poder concretar en la discusión y la gran movilización que se dio alrededor del tema de derechos y cultura indígena, en el que ambas partes participamos, y que se expresó en una propuesta final, donde el gobierno federal le presenta en la mesa de negociación al EZLN como síntesis final.

¿Qué fue del documento base sobre el que discutimos los acuerdos de San Andrés Larráinzar? Creo que en ese momento tenía el proceso de negociación todas las bendiciones de la sociedad mexicana, de los distintos actores políticos y, además, había por parte del EZLN y por parte del gobierno federal una voluntad expresa para que estos acuerdos salieran adelante. Quisiera hacer un paréntesis en las respuestas, porque Miguel Álvarez hizo unas observaciones que me parece que no corresponden claramente con lo que sucedía en ese momento en Chiapas. Tiene que ver con el tema de democracia y justicia, donde se dice que parte de la negativa del EZLN a no negociar o de no continuar este proceso de negociación es porque la mesa no daba resultados. Me parece que eso no es cierto. Yo tengo aquí los documentos en donde están expresadas las divergencias entre el EZLN y el gobierno federal y realmente es lamentable que no hayamos transitado por este documento. Porque la cantidad de acuerdos que teníamos, por ejemplo el de participación política ciudadana y organizaciones sociales, si se lee en lo que estamos de acuerdo y en lo que no estamos de acuerdo, se verá que la distancia es mínima. Y tenemos también toda la temática desagregada, lo que dividía a las partes en cuanto a una visión democrática del país, era mínima la diferencia. ¿Qué es lo que traba realmente el proceso de negociación de esa mesa? El hecho de que era una mesa nacional, con presencia de los partidos políticos. Ése es parte del problema que teníamos en San Andrés. San Andrés tenía que negociar acompasándose, sobre todo en ese tema, pues lo que estaban negociando las fuerzas políticas nacionales era el proceso de democratización del país. Mientras en la ciudad de México están los distintos partidos políticos discutiendo una agenda completa sobre la reforma del Estado, nosotros estábamos discutiendo en San Andrés el mismo tema. Entonces, es obligación del gobierno, que tiene dos procesos de negociación en puerta, ir sobrellevando la temática y darle su jerarquía a cada cosa, e ir jugando de un lado para otro. Hubo ofertas muy concretas que el EZLN despreció. Fue una discusión lamentable, pues había disposición del presidente Zedillo para que se avanzara en ese tema. Esto explica, en parte, por qué se ha demorado la puesta en marcha de los acuerdos de San Andrés en cuanto a iniciativas de ley. En esa época los partidos políticos eran los que definían la agenda legislativa, ellos señalaron justamente el tema de la reforma, como el paso final de la negociación que ellos estaban haciendo en materia de reforma del Estado. Eso en buena medida es lo que hizo difícil que en ese momento saliera la reforma. Los acuerdos en el

Congreso se tienen desde el primer momento en que se firman. Hicimos una reunión formal en San Andrés para entregarle a la COCOPA los acuerdos firmados por las partes, y la COCOPA los pudo ir a depositar ante el Congreso de la Unión. La COCOPA lo hizo de inmediato. Sin embargo, la dinámica de estas fuerzas políticas, su agenda política nacional, se estaba traslapando con lo que estaba sucediendo en San Andrés Larráinzar. A eso me refiero cuando digo que la negociación estuvo condicionada por factores externos. En buena medida, esto explica la demora que esos acuerdos sufrieron para llegar al Congreso.

Otro tema crucial es: ¿por qué se rechazó la iniciativa de ley de la COCOPA? Bueno yo francamente no participé en el proceso de negociación de esa ley de la COCOPA. Se ha hablado mucho de la existencia de una negociación paralela, esta idea de la negociación paralela no es una idea conspirativa del gobierno para romper un proceso de negociación para irse por otra vía. Simple y sencillamente fue parte del juego de las fuerzas políticas a las que me he referido. La COCOPA es un organismo que está integrado por representantes de todos los partidos políticos. A los partidos políticos y a sus representantes en el órgano legislativo, se les ocurre que dado que San Andrés avanza con poca rapidez, va muy lento; según la perspectiva de ellos, empiezan a surgir iniciativas, hasta ocurrentes, con las cuales se le hacen propuestas concretas al EZLN y se va recogiendo la iniciativa. Yo tuve conocimiento de esta negociación paralela. Tanto la CONAI como la propia delegación del gobierno en ese momento estábamos un tanto al margen de ellos. Fue justamente que se nos pidió que le diéramos concreción a la posibilidad de una negociación rápida y paralela. Lo paralelo venía de lo rápido. Había una oferta concreta del EZLN para transitar más rápidamente. Había que darle respuesta inmediata a esa propuesta, y tratamos de darle contenido a esa propuesta, pero hasta donde yo sé no tuvo mayor avance que ése. Y hasta donde yo tengo información el rechazo que hubo a la ley de la COCOPA fue porque, y ahí es en donde yo les he hecho una crítica a los compañeros de la COCOPA, donde les digo que no hicieron seriamente su trabajo, porque ¿cómo confeccionaron esa ley? simplemente se pusieron a cruzar documentos y después de que los cruzaban, documentos iban y venían sobre los textos de San Andrés a ver si el párrafo que habían cruzado existía o no existía en los acuerdos. Eso no es una translación, los acuerdos de San Andrés tienen muchas rutas en las cuales se pueden concretar. Sin embargo, ellos escogieron el cruzar una iniciativa del gobierno con una iniciativa del EZLN, cruzaban y entonces veían si están o no están. Evidentemente, algunos párrafos –y ahí la objeción del gobierno no era tan grande– podían haber sido cambiados para dar la certeza de la unidad del Estado mexicano, que era lo que preocupaba fundamentalmente al gobierno. Emergió a la par una discusión de abogados, que me parece que no fue razonable, debido a que los acuerdos señalaban el reconocimiento a las comunidades como sujeto de derecho público. Los abogados constitucionalistas objetaron esa expresión. Creo que éste es un asunto que se podía haber corregido. Hasta donde yo sé así fueron las cosas.

LUIS HERNÁNDEZ NAVARRO: Brevemente, dos precisiones. Una es que efectivamente hay tres iniciativas de ley en la Cámara de Senadores, que fue la Cámara de entrada, pero la iniciativa de la COCOPA no está dentro de esas tres, está la iniciativa del Partido Verde Ecologista de México. Nadie ha presentado, formalmente, la iniciativa de la COCOPA. Creo que esto es importante por sus consecuencias. La segunda es esta imagen de que mientras hubo diálogo y negociaciones no hubo violencia, yo creo que no corresponde a la realidad. San Andrés fue siempre el ojo del huracán. Una de las razones fue que se suspendió el diálogo, no se canceló, esto es muy importante porque la única institución autorizada para declarar formalmente cancelado el diálogo es la COCOPA en conjunto con la CONAI. Pero una de las razones de la suspensión fue debido a este incremento de la violencia en la zona norte del estado. La acción de grupos como "Paz y Justicia" había provocado, para ese momento, más de 200 muertos y más de 10,000 desplazados en esa zona, que después serían reubicados. Pero éstas son precisiones.

La pregunta a los dos ex comisionados de paz del gobierno: ¿tienen la impresión de que la principal objeción a su función mediadora no vino del EZLN sino que provino de fuerzas dentro del gobierno? Mientras Manuel Camacho buscaba una negociación, las opiniones del circuito gubernamental más conservador, más reaccionario, expresadas a través de sus articulistas, pero también a través de las piedras que ponían en el camino, daban la impresión de que el principal obstáculo estaba dentro del gobierno, no fuera de él, para poder completar la negociación. Y es el asesinato de Luis Donaldo Colosio, el 23 de marzo de 1994, lo que realmente desbarranca los acuerdos avanzados. Lo mismo le pasó de otra manera a Esteban Moctezuma, secretario de Gobernación. Moctezuma va a la selva y llega a acuerdos con los zapatistas sobre el reposicionamiento de tropas, y el ejército no los cumple. Entonces vienen una serie de medidas. Y tengo la impresión de que lo mismo pasa con Marco Antonio Bernal. Hace un momento Gustavo Hirales, que participó en el equipo gubernamental, hablaba de las envidias de Emilio Chuayffet hacia Marco Antonio Bernal. Creo que no estoy inventando lo que señalo. Efectivamente, inmediatamente después de la firma de los acuerdos de San

Andrés, son acuerdos que no pasaron por el secretario de Gobernación, aunque seguramente tuvo que haberlos tomado en cuenta. Fueron firmados por un equipo distinto al suyo, y comienzan los obstáculos. El obstáculo para darle materialización a esos acuerdos no viene de las fuerzas políticas, no viene del PRD, no viene del PAN, viene de los funcionarios de la Secretaría de Gobernación, que congelan la iniciativa y la dejan ahí. La tiene, en lo concreto, el subsecretario Franco, que era el responsable de sacar adelante esa iniciativa. Estuvo congelada durante mucho tiempo. Y de qué otra manera puede ser interpretada una vía paralela de negociación, cuando en una Comisión de Paz, encabezada por Marco Antonio Bernal, desde antes de que se comience a discutir el asunto de derechos y cultura indígena, la COCOPA, al margen de la Comisión de Gobernación y al margen de la CONAI, comienza a puentear entre zapatistas y la Secretaría de Gobernación. Bueno, si eso no es una política contradictoria dentro de las líneas gubernamentales, ¿qué lo es? La pregunta en concreto es, ¿las principales objeciones para una paz negociada con reformas sustantivas no vienen desde dentro del gobierno federal?

MANUEL CAMACHO SOLÍS: El día que estalló el conflicto, el primero de enero de 1994, la posición del gobierno fue aplicar la mano dura. Ésa fue la posición durante los primeros nueve días. Esta postura tenía un enorme consenso al interior del gobierno. Sólo una minoría en términos de peso e influencia se oponía a la línea dura. La iniciativa del cese al fuego fue producto de un enfrentamiento de estas dos líneas al interior del propio régimen, en donde hubo el espacio para que se buscara la solución política, pero ello no significó que el resto de la gente creyera en la solución política. Continuaban pensando que la solución era la fuerza.

Durante las semanas en donde nosotros estuvimos participando en la negociación, la fórmula de decisión política dominó las decisiones. Continuó la presión de manera persistente para que se actuara con mano militar en el estado de Chiapas, y para sabotear la negociación con todo tipo de pretextos. Pero la parte central era ¿cuál era la posición del ejército en ese momento? Y la posición del ejército, hasta el día que yo fui Comisionado de Paz, el 16 de junio de 1994, no fue distinta a la del gobierno y en este caso a la de la solución pacífica. Marcos se sorprendía, y me lo llegó a decir, de cómo las cosas que se convenían eran respetadas por el ejército.

¿Qué podemos concluir? Es evidente que la mayor parte del régimen no creía en la solución política y no sigue creyendo en la solución política, y ha dado una y otra vez demostraciones de que no cree en ella. En el caso de los acuerdos de las reuniones que tuvimos en San Cristóbal, un factor fundamental y lamentable, para echar a perder la comunicación y para cambiar por completo el clima político del país fue el asesinato de Luis Donaldo Colosio, el 23 de marzo de 1994. No puedo afirmar que de otra manera se hubieran firmado los acuerdos, pero el día que yo acompañé a Marcos de regreso a la selva, sus últimas palabras fueron: "Jamás me imaginé que todo lo que usted había dicho lo iba a cumplir. Yo tenía miedo de que nos tendieran una trampa política o que incluso nuestra vida estuviera en riesgo. Reconozco que las cosas que se dijeron se cumplieron, y nosotros vamos a responder de la misma manera. Señor comisionado, usted le puede informar al ejército y al gobierno que a partir de mañana hacemos estos reposicionamientos." Y los hicieron. Y el ejército respetó sus propias decisiones. Y en todo ese periodo hubo un solo conflicto, un accidente o un acto deliberado, en donde murió una persona de Tuxtla Gutiérrez, que se pudo resolver en una mañana porque había comunicación con la mediación, había comunicación con el EZLN.

Por otro lado, está el papel jugado por los partidos políticos. No es lo mismo que el PAN tenga una propuesta distinta a que el PRI cambie una posición. No es lo mismo que el gobierno comprometa una posición y después la modifique. La posición del PAN era lateral, la posición del PRD no ha sido en contra de los acuerdos de San Andrés. Entonces ¿por qué cambió el gobierno su decisión? Ésa es la pregunta central, que es la misma que hace Rodolfo Stavenhagen. Pienso que Marco Antonio Bernal la trata de responder de buena manera. Y él dice: "creo que se empezaron a fracturar los consensos políticos". Pero no se habían fracturado respecto al asunto de Larráinzar, creo que tuvieron que ver más con aspectos relativos al funcionamiento interno del gobierno, relacionado con las ambiciones de los funcionarios que sentían que, manteniendo una línea dura, iban a complacer a ciertos actores duros, y además también hay que tener en cuenta el temperamento del Presidente de la República (lo quiero decir con toda claridad, porque si no, no se entiende la historia reciente de este país). De otra manera hubiera habido simplemente un receso, pero todas las decisiones posteriores, todas las declaraciones posteriores, marcan una línea congruente, y la línea congruente no es la de la búsqueda de una fórmula de solución política.

En efecto, desde el gobierno ha habido todo el tiempo dos estrategias: estamos hablando del mantenimiento de un *statu quo* político lleno de complicidades, en el que se vale reprimir, violar derechos humanos, etcétera, o la construcción de un estado de derecho real y una vía democrática para México. Si centramos el debate en la transición política y todo lo que esto significa, entonces el punto nodal es cómo se puede sacar adelante este conflicto. ¿Por qué? Porque si una de las fuerzas tiene el sartén por el mango y no quiere la solución política (el gobierno), y la otra no tiene confianza y está aislada (EZLN), el desenlace va a ser avanzar en un proceso de balcanización, de deterioro, de violencia, de decepción, del fraccionamiento que sólo es funcional al viejo orden político. De esta manera también se ganan elecciones. Cuando la gente no participa, cuando la gente no cree que puede cambiar la realidad, cuando los partidos se pelean, cuando se debilita al Congreso. El problema fundamental es cómo cambiar una situación así para que cada quien tenga sus espacios, para que quienes creen en la política la puedan ejercer.

Hay muchas ideas hoy en día, hay muchas ideas en la opinión pública, pero si esas ideas no son capaces de estructurarse políticamente en los próximos meses, vamos a llegar tarde al año 2000; y entonces el 2000 será sólo una competencia de mercadotecnias y de divisiones con los asuntos profundos del país. Por ello el punto medular es si se puede hacer algo de aquí a marzo, si se puede hacer algo de aquí a abril. Si no se hace, si no se vuelve a meter la crisis de Chiapas al proceso político –que no es que gane el EZLN–, sino que pueda ganar otra manera de gobernar Chiapas, que triunfe otra manera de gobernar el país. De lo contrario, quienes están esperando la descomposición van a ganar, y la descomposición nos va a afectar a todos los mexicanos. Aquellos que están esperando a las elecciones como fórmula, esas elecciones van a ser tan débiles que no van a ser capaces de corregir la descomposición. Entonces, ¿por qué de aquí a abril, la gente que quiere otra cosa dialoga, platica, y hace un planteamiento serio al gobierno que no sea nada más decirle, sabes que tú eres el culpable? ¿Por qué? Porque rechazar eso es muy fácil. Al gobierno debe plantéarsele algo que le cueste, algo que sea tan evidente, tan lógico, tan consensual, tan amplio, que sea muy difícil rechazar. La consulta que se está preparando sobre la reforma constitucional puede ayudar. Personalmente, creo que se necesita algo más fuerte, algo más amplio, algo más preciso, y entonces sí, se puede volver a insertar el proceso de Chiapas como tiene que entrar: por la vía de la política, porque finalmente este asunto como va, también está desprestigiando al Estado en su conjunto, está lastimando al ejército mexicano.¿Quién va a salir bien parado de esto, salvo los políticos locales corruptos y matones, salvo los paramilitares, salvo toda esta gente que está en este mundo negro, que es el que está realmente estrangulando al país? Fuera de eso, nadie gana, ninguna de las instituciones gana.

MARCO ANTONIO BERNAL: Comparto el llamado a la moderación y la ponderación, de no ver todo en blanco y negro, como acaba de señalar Manuel Camacho. Desde mi punto de vista, el proceso de negociación siempre e invariablemente contó con la voluntad del Presidente de la República para que las cosas salieran adelante. Es muy fácil echarle la culpa a un funcionario público, decir: "fue fulanito, fue sutanito". Yo creo que hay responsabilidades políticas exigibles a todos los actores. Yo no dudo que en el proceso de negociación, nosotros como delegación pudimos haber cometido algunos errores, pero creo que el EZLN cometió muchos, y no es cierto que la vía paralela haya precedido a muchos fenómenos. Yo creo que la descalificación por parte del EZLN de la delegación que estaba negociando con ellos fue muy anterior, con todo respeto. Y viene a raíz de que el entonces procurador Antonio Lozano, cuando se dio la sentencia de Javier Elorriaga, lejos de favorecer canceló algunas cosas que estábamos planteando en la mesa de negociación con el EZLN. Ahí empieza el fenómeno de descomposición, al cual también debemos exigirle responsabilidad a algunos miembros de la COCOPA, así como también a algunos miembros de la CONAI, sobre todo en materia de reconciliación social, que era un fenómeno que podía detener la violencia en la zona norte. Son propuestas hechas en la mesa de negociación y que los actores políticos no reaccionaron frente a lo que se les estaba proponiendo para afrontar directamente los fenómenos. Por ello, estando de acuerdo con Manuel Camacho, el ejército ha sido un factor realmente estabilizador y de paz en la zona. Tampoco me tocó ver que no suscribieran las posiciones de la delegación o que tratara de boicotear el diálogo que se estaba llevando a cabo en Larráinzar. Creo que el ejército es uno de los actores más interesados en que este problema se resuelva por la vía pacífica, tranquilamente y sin necesidad de recurrir a la violencia.

Sin duda, retrospectivamente, hay que ampliar las miras sobre lo que pasó. Hay que exigirle responsabilidades políticas a cada quien, porque todos las tienen. Tanto las tiene el EZLN, las tenemos nosotros por lo que hicimos y por lo que dejamos de hacer, y también las tiene la COCOPA, que finalmente hizo muchas cosas. Probablemente lo hicieron con buena intención, pero los resultados no fueron tan buenos.

También la CONAI tiene responsabilidad en su actuación, en muchos casos lo hemos discutido con ellos. Y creo que también son responsabilidades políticas exigibles. Yo estoy de acuerdo en que muchos temas de Chiapas tienen un impacto nacional y son una palanca para la transformación del país. Pero de eso a tratar de imponer al país, o tratar de usar Chiapas como palanca de posicionamiento político nacional y ahora internacional, como de repente se pretende, hay una distancia muy grande. Yo creo que Chiapas hay que volverlo a reformular, y hay que repensarlo con buena fe, tratando de buscar las estrategias que sean adecuadas para que se restablezca un proceso de negociación, cualquiera que sea el formato que éste tenga. Pero hay que exigir que sea con una actuación política responsable de cara a todo lo que ahí se ha presentado. Sí, hubo violencia en la zona norte del estado de Chiapas, claro que la hubo, pero la mayor parte de los fenómenos los pudimos detener, nunca se llegó al nivel de violencia a que se ha llegado ahora, mientras hubo una instancia en donde podía haber una interlocución, había frenos y exigencia a las autoridades estatales para que frenaran a muchos grupos que andaban por ahí. Pero fíjense nada más la ironía, ahora que sale una ley de desarme en Chiapas, todo mundo critica la ley que acaba de sacar el gobernador. Tiene que haber responsabilidad política de todos los actores. Es cierto que la mayor carga es para el gobierno, pero también los otros. Por más voluntad que tenga un gobierno para que un proceso de negociación se dé, se tiene que contar con que el otro también tenga voluntad, y el otro también tiene una responsabilidad exigible cuando está involucrado en un proceso de esta naturaleza.

MIGUEL ÁLVAREZ GÁNDARA: Sólo tres comentarios sobre lo que se ha dicho. Marco Antonio Bernal y yo, desde que terminó su papel como comisionado, no nos veíamos. Habría una cantidad enorme de temas que me gustaría aclarar, discutir, recordar. Pero en todo caso, a reserva de que algún día eso sea necesario y conveniente para el propio proceso, por lo pronto vale la pena insistir en el tema dos de las negociaciones de San Andrés: Democracia y Justicia.

Quisiera recordar lo difícil que fue poder darle confianza al proceso por la vía de la discusión metodológica y de los procedimientos y reglamentos. Y uno de los más difíciles, además de los temas de carácter nacional a los que también se refirió, fue el cómo darle en la mesa su papel a la sociedad civil. Finalmente fue a través del formato de los asesores e invitados, con el que las dos partes pudieron permitir su ingreso, para que estos asesores generaran lo que se convirtió en la base de la negociación. El tema uno, en estricto sentido, no pudo haber llegado a acuerdos si no hubiera sido por la discusión, por los documentos que generaron los asesores e invitados de las partes. Y con el producto que generaron se hizo posible que se acercaran las partes y se pudieran construir acuerdos. En cambio en el tema dos, el hecho de que los asesores e invitados del gobierno no participaran, de hecho inhibió que se hubiera producido esa materia que podría haber ayudado a la negociación, y por eso efectivamente hubo materiales, pero no todos tenían la aprobación de las partes. No había condiciones de acuerdo por el hecho de que no se consolidó en el tema de Democracia y Justicia la participación civil, pero además también porque se frenó la dinámica de reforma del Estado. Efectivamente, en el diseño estratégico de paz tenía que haber habido ese avance simultáneo, sin embargo se frenó el de la reforma del Estado. Para el gobierno era prioritaria la consideración de actores a los que les diera interlocución para la democracia, a través de los partidos. Y no le dio su lugar y no le dio prioridad a la discusión de la democracia ni en San Andrés con el EZLN, ni con el movimiento indígena y la sociedad civil.

El segundo comentario tiene que ver con la "vía paralela". Desgraciadamente, como es una materia que todavía está en juego, no ha habido condiciones para que la opinión pública conozca todo lo que pasó en esa negociación entre octubre y diciembre de 1996. Pero fue una negociación sustantiva, hasta donde yo entiendo, generada a iniciativa de Emilio Chuayffet, quien antes no se había involucrado, canalizada a través del protagonismo de la COCOPA. Fracasó no por las problemáticas de la conversión a la ley de los acuerdos de

San Andrés sobre Derechos y Cultura Indígena, sino por el cálculo político-militar que hacia el gobierno en ese momento. La negociación incluía la posibilidad de que el EZLN retirara la declaración de guerra, y eso implicaba un conjunto de temas de los cuales la ley era uno sólo de ellos y ni siquiera el sustancial. Al grado de que a la COCOPA, de hecho, se le dio el arbitraje para que elaborara un texto de consenso. Desgraciadamente la "vía paralela" no estuvo reglamentada, y ahí es en donde están las razones que explican el *impasse*, asi como porque tuvo valor político y metodológico el concederle a la COCOPA la labor de arbitraje para esa iniciativa. Por eso es tan grave cuando el gobierno la rechaza, porque de hecho había habido el acuerdo en ese proceso interno. Pero en todo caso, fueron razones político-militares, más de fondo, de una estrategia mucho más amplia que buscaba no sólo restringir el análisis al momento coyuntural que vivía la negociación.

Y el tercer comentario se refiere a que, aunque a nadie le gusta enfrentarse políticamente con el ejército, sin embargo, las dos líneas, los duros y los que creen en la solución política, han coexistido dentro de las fuerzas del gobierno mexicano. Yo creo que se han ido articulando cada vez más en una sola línea. Y es en una sola línea en que es hegemónica la lógica y misión de los actores militares, y en ese marco es que se subordinan los que hablan de la salida política. No están actuando en disputa sino supeditados. Y mientras se hable de salida política sin incluir ni tocar la estrategia fundamental de lo militar, no veo que haya solidez para que pueda avanzar, de forma real, la salida política.

LUIS GARFIAS MAGAÑA: Quisiera hacer sólo un comentario en relación con la ley de desarme del estado de Chiapas.

No me explico por qué ha sido necesario que el gobierno de Chiapas emita una Ley de desarme. Desde 1972 existe una Ley Federal de Armas de Fuego y Explosivos que tiene absoluta validez, donde se reglamenta quiénes pueden usar las armas, qué clase de armas, las penas para los que violan esa ley, en fin todo. Sencillamente se debe aplicar esa ley y acabar con un gravísimo problema en Chiapas, que es la proliferación del armamentismo en los grupos paramilitares. En Chiapas no hay más que tres grupos que pueden usar armas: las fuerzas armadas; las policías, federal, estatal y municipal; y el EZLN, por un acuerdo político con el gobierno. Nadie más debe usar armas. Ignoro la causa de por-qué se ha permitido que muchas personas ajenas a estos grupos estén armados. Por ello es inútil una ley estatal de desarme, puesto que hay una ley federal de armas que dice claramente quiénes pueden usarlas. Creo que la Ley Federal de Armas de Fuego es más que suficiente, siempre y cuando se aplique correctamente. No sé por qué han pasa-do cinco años sin que esa ley se haya aplicado con energía.

Sobre las otras cosas que se han afirmado sobre el ejér-cito, yo diría que el ejército no es una institución autónoma, recibe órdenes de dos personas: el secretario de la Defensa y el Presidente de la República. El ejército ha sido real-mente un factor de equilibrio, de paz en Chiapas. Cuando hablaba Manuel Camacho de un incidente en donde mata-ron a un militar en las proximidades de Tuxtla Gutiérrez, fue un sargento del servicio de transmisiones que estaba desem-peñando su trabajo, no era un soldado combatiente.

En el movimiento militar que se hizo el día 9 de febrero de 1995 el único muerto fue un coronel destacamentado en el estado de Chiapas. Yo fui diputado en la legislatura pasa-da, presidente de la Comisión de la Defensa Nacional, y recibí quejas sobre algunos excesos a los derechos humanos cometidos por soldados. No lo dudo. Los soldados son humanos y a veces pueden llegar a ese tipo de excesos, pero siempre se turnaron a la Secretaría de la Defensa Nacional a fin de que estas violaciones, si las había, fueran corregidas y castigadas.

Creo que el ejército ha llevado a cabo un estrechamiento del área del conflicto, es cierto, lo cual ha causado problemas a las comunidades indígenas además de la existencia de retenes militares, que causan problemas a los indígenas que acuden a las poblaciones a adquirir víveres o bien a las señoras que van a lavar a los ríos. Este estrechamiento sí causa problemas. También creo que cuando el señor Hernández Navarro habló de un despliegue en la zona de 70,000 hombres es excesivo. El ejército mexicano tiene aproximadamente 174,000 efectivos, o sea, que en este caso tendría un poco más de la tercera parte en Chiapas. No es posible que en un área tan pequeña se concentren tantos efectivos. En la última comisión que tuve antes de irme a la vida civil fui comandante de una zona, y se me ordenó enviar dos batallones, primero el 80 y luego el 70. El 80 salió para Chiapas el día 10 de enero por la mañana, en la tarde de ese día recibí un radiograma que informaba que habían matado a cinco soldados en la entrada de Rancho Nuevo. Al otro día se suspendieron las hostilidades. Fue una desgracia que esas personas tan humildes e indígenas como los del EZLN, de la sierra norte de Puebla, murieran en el cumplimiento de su deber sin mayor reconocimiento de la sociedad.

Sobre los relevos de tropas, la Secretaría de la Defensa Nacional ha mantenido, desgraciadamente, una actitud muy cerrada ya que en un momento dado se encuentra el batallón que está ahí destinado y llega otro batallón y en consecuencia la gente ve una cantidad de soldados elevada, pocos días después uno de los batallones es relevado y sale hacia su punto de origen. Por esto se da una idea equivocada de los efectivos que hay en la zona de conflicto y por ello es necesario que la Secretaría de la Defensa Nacional lleve una política de información más abierta, a fin de que la opinión pública conozca lo que se está haciendo. Yo ya estoy retirado y mi actitud ha sido crítica en estas cosas, pero sí creo que el ejército ha sido un factor muy importante de estabilización en Chiapas.

MARCO ANTONIO BERNAL: General, si las leyes, todas las leyes federales, se aplicaran en Chiapas no habrían sucedido muchas cosas en Chiapas. En este caso la ley de desarme es una ley estatal de desarme porque involucra una negociación política, involucra la participación de actores políticos, involucra incluso la posibilidad de ejecutar esta acción, sin que se interprete como una agresión. Ya ve lo delicado y frágiles que son los equilibrios políticos en Chiapas, por esa razón nada más. Y para eso hay muchas cosas especiales que se tienen que hacer, que aunque ya estén contempladas en leyes federales o incluso leyes estatales, habrá que repensarlas y rehacerlas tomando en cuenta la situación política que existe en el estado de Chiapas.

ALÁN ARIAS: Es importante hacer dos precisiones. En primer lugar, el Estado mexicano no es homogéneo e indudablemente se da al interior del régimen un juego entre fuerzas políticas internas y diferentes posiciones. Sin embargo, los hechos acreditan, en el caso de Chiapas, que independientemente de las vicisitudes para la toma de decisiones, hay resultados evidentes y contundentes en cuanto a la postura del gobierno mexicano. Podría decirse que han sido posiciones de Estado que han involucrado al ex presidente Salinas e involucran al presidente Zedillo. Entonces, la estrategia del

Estado para enfrentar el problema de Chiapas ha sido una, unívoca y rápida. Quizá es una de las reacciones más rápidas que se hayan dado en ningún gobierno, al adoptar una posición de solución estratégica con un grupo armado a partir de una solución política mediante la negociación y el diálogo. Esta posición, independientemente de las vicisitudes, de los cambios de ambiente político, de los cambios en la correlación de fuerzas, de un cierto consenso con el resto de las fuerzas políticas para impulsar y hacer avanzar ciertas negociaciones o ciertas reformas, se ha mantenido sin cambio.

Incluso es pertinente afirmar que se podría construir en los próximos meses una iniciativa contundente para destrabar el *impasse*, porque de otra manera, el conflicto se prolongaría dolorosamente. Si por desgracia éste no se resuelve antes del año 2000, se corre el riesgo de prolongarlo más allá de esta fecha. Bajo esta perspectiva del Estado mexicano, e independientemente de quien sea el titular del Poder Ejecutivo o del partido que sea, la postura de una solución pacífica y negociada del conflicto habrá de subsistir porque se trata de una posición de Estado y no de gobierno.

En segundo lugar, no sólo esta posición de solución política y negociada del conflicto es voluntad del gobierno y voluntad del Estado, sino que además es mandato de ley. En este sentido, el gobierno está por la solución política, negociada y mediante el diálogo del conflicto, también por mandato de ley. Un punto que creo no es sostenible y que planteó Miguel Álvarez, es el de que en la conducta del Estado y del gobierno haya una supeditación de la lógica política a la lógica militar. Venturosamente el ejército mexicano es un ejército con características muy específicas y muy diferentes del resto de los ejércitos latinoamericanos, que tiene una institucionalidad y una subordinación encomiables a la Constitución y al poder civil. Efectivamente, la postura del ejército es para garantizar y fortalecer al Estado mexicano, por haber adoptado una decisión estratégica tan importante como la de comprometerse en impulsar una solución pacífica y negociada del conflicto.

Otro punto importante es el de los grupos civiles armados y sobre la ley de amnistía a nivel estatal. La erradicación de los grupos civiles armados que tienen presencia en distintas zonas del estado de Chiapas, es con independencia del núcleo del EZLN, que por ley puede portar armas. Este proceso va a requerir fundamentalmente del concurso político del EZLN, porque si bien hay grupos armados civiles orientados en contra de las posiciones zapatistas, también hay que reconocer que existen grupos civiles armados al margen del núcleo al que protege la ley para la portación de armas, que simpatizan con el EZLN y que también están armados. Es importante apuntar que la ley estatal de amnistía, con todo lo controvertido que pueda ser, apunta en ese sentido. Sin embargo, tiene que haber también voluntad política del EZLN para contribuir al desarme de los grupos armados. No se les quiere amnistiar. La ley de amnistía, para los grupos que se desarmen, hace preescribir los delitos federales de portación, acopio y asociación delictuosa, pero no libera de las penas imputables a delitos del orden común que esas personas armadas, aunque entreguen las armas, hayan podido cometer. Por lo tanto, no es real que se esté hablando de una impunidad de otros delitos, la amnistía solamente apunta a los delitos de orden federal.

Es importante señalar, que ante reflexiones sobre otros procesos de negociación en América Latina, saltan a la vista diferencias cualitativas que se dan entre los procesos de Guatemala, El Salvador y Colombia, con el mexicano. En los procesos de paz de Centroamérica, particularmente el guatemalteco y el salvadoreño, se puede afirmar que la resolución, el proceso de paz y los acuerdos conducen a reformas profundas en el ámbito de los Estados y que convierten un Estado contrainsurgente, como el guatemalteco, abriéndole la posibilidad de transformarse en un Estado democrático. O como en el caso de El Salvador, que después de una guerra civil es posible la reconstitución del Estado.

En el caso de México, tanto por el peso específico del Estado mexicano, como por el régimen político que ha tenido el país, el conflicto con el EZLN, el eventual proceso de paz y los acuerdos que se firmen, seguramente tendrán consecuencias reformistas dentro del ámbito del Estado. Pero, a diferencia de otros países centroamericanos, no podrán constituir la columna vertebral de la reforma del Estado, ya que la columna vertebral del Estado mexicano puede ubicarse desde antes del conflicto, e involucra actores de una sociedad mucho más compleja, así como de un sistema político mucho más avanzado que el que existía en Guatemala o en El Salvador.

No se puede negar que existen problemas comunes similares a los de Guatemala o El Salvador, pero la problemática que distingue al régimen mexicano de ninguna manera puede ser equivalente. Por lo tanto, los resultados de un proceso de paz, la incorporación de reformas importantes en distintos ámbitos, particularmente en materia de derechos y cultura indígena para democratizar y ampliar la participación de las comunidades indígenas en la vida política mexicana, nunca podrán tener el peso sustancial, vertebral y decisivo que tuvieron los procesos de negociación y pacificación con la guerrilla en los países centroamericanos.

MANUEL CAMACHO SOLÍS: Quiero pensar que lo que acaba de afirmar Alán Arias es producto de una reflexión lógica de lo que son los intereses del Estado mexicano, de lo que dice la ley. Si ése es el caso, entiendo que ésas sean las conclusiones que se extraen. Pero esto no coincide con la realidad. Yo puedo documentar, con todos los datos, y no estoy hablando de impresiones personales sino de conversaciones, de decisiones, de órdenes, de contraórdenes, de personajes, que la solución política del conflicto en Chiapas no ha sido la línea única del Estado mexicano.

El segundo hecho que es importante destacar es muy delicado. En junio de 1994 se decía que no se había logrado ningún acuerdo y que el proceso había sido todo un fracaso. Las conclusiones a las que había llegado el EZLN contenían tres puntos que son centrales para esta discusión. Primero, que se celebrarían elecciones en la región, esto era de gran trascendencia. Negociamos esto con una organización armada que aceptaba que hubiera elecciones en las regiones donde ella estaba. Segundo, aceptaban la presencia del ejército mexicano en toda la zona fronteriza. Yo así lo dije públicamente y en ese tema nunca dijo el EZLN que no, porque así había sido convenido. Y tercero, se estableció un mecanismo de verificación para que no hubiera ni entrada ni salida de armas. ¿Para qué? Para que no se pudiera armar el EZLN, para que el EZLN no mandara armas a otras partes del país, pero también para que no pudieran darse armas a otros grupos. Ése era un punto central, sin eso se iba a perder el control de todo. Entonces, ¿quién permitió que eso fuera de otra manera, que retomaran las armas? Son responsabilidades muy graves. Y si empezamos a escarbar llegamos a situaciones muy complicadas. Pero hay gente que va a querer escarbar toda la vida porque hay muertos.

Pero si se piensa en una solución hacia adelante, lo que no se puede hacer es decir que no ha habido diferencias. Algo que me da profunda tristeza es pensar, ¿cuál es la comparación hoy de México con Guatemala y con El Salvador?

Guatemala era el lugar de la contrainsurgencia, de los crímenes, de las grandes represiones, etcétera. Y ahora es un lugar en donde se llega a un acuerdo. En Guatemala las cosas, por lo menos, tienen una respuesta. Y en El Salvador, los líderes de la ex guerrilla están sentados en el Congreso, dentro de un clima político en el que se puede hablar.

Las cosas no son perfectas en ningún lado, pero ¿qué razón política pudo haber para que se desconocieran los Acuerdos de San Andrés? Probablemente hubo consideraciones de carácter electoral. Se tomaron, en 1997, decisiones que coincidían con el propósito de ayudar al PRI a ganar las elecciones. Un EZLN, ya encaminado en la participación política abierta, probablemente fue visto con preocupación en términos de resultado electoral que aumentaría los votos opositores al PRI en una elección cerrada.

Por todo lo anterior, no ha habido una sola directriz política en el Estado mexicano: hay quienes estaban por la guerra y hubo quienes se comprometieron con una solución política.

RAFAEL REYGADAS: Me quiero referir a algunas de las preguntas que me han planteado. Coincido con el general Garfias en lo que dice, pero nos ha tocado vivir las cosas de manera diferente. En una Misión Civil Nacional e Internacional por la Paz, nos tocó, quince días antes de la masacre de Acteal, estar en Pechiquil, donde había un grupo paramilitar que había sido entrenado militarmente, y operaba con el mando de un antiguo militar. Este grupo tenía secuestradas a 60 personas. Al día siguiente hablamos con el gobernador Julio César Ruiz Ferro y con todo su equipo de gobierno. Con la CNDH sacamos recomendaciones para que el gobierno protegiera a las familias secuestradas y que tuviera cuidado, porque Pechiquil está a 20 minutos de Acteal a pie, donde se encontraban cientos de desplazados de guerra. Había a escasos 200 metros de Acteal una guarnición de la policía de seguridad pública del estado. El grupo paramilitar de Pechiquil, del que estaba advertido el gobierno del estado, del que estaban advertidos todos los jefes militares y la policía judicial, se pudo mover libremente 20 días después, trasladar armas de alto poder y matar gente indefensa con saña e impunemente. En un estado con tanto control militar, ¿cómo pudieron pasar armas de alto poder enfrente de los retenes?, ¿quién las pasó?, ¿quién lo permitió? Obviamente hubo una responsabilidad de Estado directa en la masacre. Ese grupo de Pechiquil fue de los que comandaron la masacre de Acteal. Están encarceladas 139 personas por la masacre, es cierto, pero hay que analizar las condiciones que generaron esto y de quién es la responsabilidad intelectual de Acteal. Los grupos paramilitares no pueden existir sin la venia gubernamental. Ojalá no se llegue nunca a lo que señalaba Daniel García-Peña sobre la situación de los paramilitares en Colombia, donde tienen cada vez más autonomía y más fuerza para hacer lo que los caciques están ordenando. Por ahí no va la solución. La solución tiene que considerar acuerdos políticos con el ejército y con los demás grupos, cumplir con los Acuerdos de San Andrés, a través de una reforma constitucional que respete el derecho de los pueblos indios a ser sujetos. La iniciativa de ley de la COCOPA no soluciona todos los problemas, pero tendría la virtud de poner a todos en un camino para resolverlos. El respeto a los derechos de los indígenas es la paz.

BLANCHE PIETRICH: La mediación no puede quedar en el aire por lo que se ha dicho, en el sentido de la prisa que hay por reencarnar las negociaciones. Es importante reconocer que con ningún ejercicio de imaginación se podría pensar en adelantar el proceso de negociación en Chiapas sin una instancia de mediación. Y retomando lo que decía Cynthia Arnson sobre las lecciones de otros procesos latinoamericanos, hemos visto que los procesos de El Salvador, Guatemala y Colombia, han estado muy ligados a ciertos sectores, no a cualquier sector de la iglesia. El Salvador con la Nunciatura, con el Arzobispado de San Salvador; en Guatemala con monseñor Quezada Toruño. Como decía Daniel García-Peña, actualmente en Colombia hay un nuevo compromiso de la iglesia católica. En México lo que hemos visto es la disolución de la CONAI, que es un instrumento de la iglesia católica. Se disuelve y queda el vacío. El grupo negociador del gobierno habla de negociaciones directas. Tengo la impresión de que no es más que una fantasía. Quisiera saber si Alán Arias pudiera precisar el perfil de esta nueva fórmula de mediación. Lo único que define es que debe ser sin protagonismos, que a mí me parece que es dejar ahí un rezago de la muy pública pugna entre el gobierno federal y el obispo Samuel Ruiz. Queda entonces la incógnita: ¿Existe alguna posibilidad? No genera un gran vacío, un gran hueco, esta nueva propuesta de mediación, sobre todo tomando en cuenta que encontrar una nueva mediación no es fácil. Hay que tomar en cuenta el factor confianza entre las dos partes. Actualmente, a la vista de todos, está ausente.

GONZALO ITUARTE: Nada más una observación, cuando hablamos de la lógica militar en el procedimiento que se está empleando en Chiapas, evidentemente no nos referimos a que los soldados van a fusilar gente a punta de balazos. La lógica militar es el comportamiento, es la matriz en que se da el otro procedimiento. La presencia militar –la sensación la expresó muy bien el general Garfias y lo felicito por esa percepción– es como la ven las comunidades, se sienten asediadas, ahogadas y ésa es la lógica militar. Junto con todo lo que está acompañado de propaganda, está la lógica de sustento del despliegue de tropas. No pensamos que el plan del presidente sea un día: "mátenlos a todos", es más que eso, la lógica militar es más profunda que los balazos.

GUSTAVO HIRALES: Uno de los defectos de todos los eventos donde se comenta el conflicto chiapaneco, es que siempre se habla del asunto en un enfoque blanco y negro. Por ejemplo, los paramilitares son malvados y los demás, los contrarios, son los buenos. Normalmente así parece al menos en lo que yo he investigado en la zona Norte y en Chenalhó, donde había el doble de muertos de los supuestos paramilitares que de los zapatistas, que eran la parte buena. Entonces, ¿cómo explicamos eso? Es decir, ¿realmente son los zapatistas, sus aliados y la gente cercana a ellos buenos, y los otros son malos?, ¿por qué al sacar las cuentas, los malos tienen el doble de muertos que los buenos? No entiendo eso, ¿qué quiere decir? La respuesta puede ser que los buenos también tienen armas, también tienen pistolas y rifles de alto poder y que también matan a los malos, a veces antes de que los malos maten a los buenos. Mientras sigamos teniendo un enfoque de los malos contra los buenos, nunca vamos a poder acercarnos a la solución del conflicto. Por ejemplo, quienes emboscaron a Agustín Vázquez el 17 de diciembre de 1997, sabían que iba a haber una reacción natural, porque estaban matando a un dirigente priísta, pero no les importó. No estoy justificando lo que pasó en Acteal. Estoy diciendo que nada de lo que ha ocurrido ha sido simplemente por lógicas suprarregionales, militares, paramilitares, etcétera, sino que todo se puede documentar por una serie de eventos y conflictos ocurridos en las localidades y entre las comunidades. En las comunidades se fueron desencadenando estas dinámicas perversas que terminaron en muertos, heridos, etcétera. Está bien la propaganda que afirma que los paramilitares son malos, que hay que colgarlos y que no se vale amnistiarlos, pero, ¿dónde están los otros que también disparan? Como el niño de once años que acaban de matar en Los Plátanos, y que nadie sabe quién fue, pero los agredidos saben perfectamente que la agresión vino de parte de los zapatistas. Y resulta que los zapatistas dicen "no, fueron pugnas interpriístas" pero los agredidos, ¿acaso no saben quién los puede agredir?

ALÁN ARIAS: Hay que recordar dos momentos en la postura gubernamental sobre Chiapas. Primero, en 1994, cuando Manuel Camacho fue responsable de coordinar el diálogo y la negociación con el EZLN en San Cristóbal de las Casas, estas negociaciones abrieron el camino para una transformación decisiva de la confrontación militar a una lógica de solución política. Posteriormente, en la administración del presidente Zedillo se dio una paulatina institucionalización del proceso para su resolución a partir de la ley para el diálogo de 1995 y los Acuerdos de San Andrés, en 1996. El problema de la intermediación se incorpora en la ley para el diálogo en la parte correspondiente a las atribuciones de la COCOPA. La comisión legislativa coadyuvó y hay un inciso en el que se dice escuetamente que había una instancia de intermediación acordada por las partes. Dentro de las características de esa ley, destaca el hecho de la participación del Poder Legislativo mediante la COCOPA y su definición como parte coadyuvante. En ese capítulo, en ese ámbito de la ley es que aparece la intermediación. Recientemente, cuando el EZLN vuelve a tener contacto después de dos años con la COCOPA, junto con esa reunión realiza una reunión política con sectores simpatizantes o participantes de la sociedad civil en San Cristóbal. El gobierno envía una propuesta para reiniciar los contactos directos y reabrir la posibilidad de la negociaciones con el EZLN, se le mandan estas propuestas a través de la COCOPA y el EZLN las rechaza. El argumento que utiliza es que la COCOPA no es una instancia de intermediación. El gobierno insiste debido a que las instancias de intermediación, sobre todo las de carácter internacional, participan cuando hay conflictos internos armados de gran magnitud y el contacto directo entre las partes es imposible, debido a que se está en medio de combates. En el caso mexicano, donde la tregua se ha mantenido desde hace cinco años, entre los nuevos elementos que el gobierno está dispuesto a plantearle al EZLN, para que se discutan en encuentros preliminares a la reanudación del diálogo, está la disposición formal sobre si al EZLN le parece pertinente la creación de una nueva instancia de intermediación. ¿Cuál es el horizonte de este planteamiento formal del gobierno?, el que marca la ley para el dialogo y la negociación en Chiapas, pues para que haya una instancia de intermediación tiene que haber un acuerdo entre las partes. Éste es el formato actual y la laxitud de la ley actual. Es necesario que exista un nuevo acuerdo sobre una nueva instancia de intermediación. Las nuevas ofertas que el gobierno hace para reactivar las negociaciones son sobre la consideración de que hay elementos ya desgastados del proceso actual de negociación que deben ser reformulados. Se pueden discutir todos los temas que al EZLN le interesen, como el de los grupos armados, pero también el EZLN tiene responsabilidad política para poder llevar adelante una política de desarme efectivo. El gobierno le plantea al EZLN la discusión sobre una nueva instancia de intermediación, porque para poder cumplir con la ley la mediación debe ser aceptada por las partes.

Hay algunos criterios sobre ella: el que sea una intermediación de carácter nacional, integrada por personas reconocidas por su calidad moral; el que tengan en la medida de lo posible cierto entrenamiento profesional en tareas de intermediación; y que exista discreción –pues uno de los problemas de la CONAI fue precisamente su involucramiento, que resultó sumamente complicado en el proceso, para poder cumplir sus tareas con discreción que normalmente se necesita en las instancias de intermediación–. Como consecuencia de este aprendizaje, la CONAI cumple con un papel importante de intermediación en la primera fase y después no se logró superar el diferendo sobre su parcialidad, sobre el carácter de invitación que a menudo la CONAI hacía a la participación de organizaciones no gubernamentales internacionales y a otros gobiernos para involucrarse en el conflicto en Chiapas. Sin embargo sería deseable construir una nueva instancia de intermediación, y contar con su carácter sumamente discreto, como normalmente ha ocurrido en otros países.

CYNTHIA ARNSON: Lo que impresiona en México es que sí había una fórmula interna para lograr la paz, a través de la CONAI y la COCOPA. Hay que analizar por qué esta no funcionó. No es el momento adecuado de hablar de un involucramiento de la comunidad internacional, los mexicanos no aceptan fácilmente una presencia o una ayuda internacional. A diferencia de lo que pasó en El Salvador, Guatemala e incluso en Colombia, donde había intentos de acercamiento y diálogos por parte de la iglesia, en México se dio un paso más allá: hacer una mediación por parte de la iglesia, y se involucraron parte importante de las fuerzas democráticas del país, especialmente los partidos políticos. Hay que analizar a fondo el fracaso y hay que ver si existe la posibilidad de rehacer alguna fórmula interna en la próxima etapa del proceso de paz.

Manuel Camacho Solís: Cuando hay un pleito, quienes están de un lado dicen "los otros tienen la culpa", y eso es así; pero cuando el pleito no es entre pares, entonces la responsabilidad no es igual. En primer término, se debe tener presente que un Estado debe seguir su acción con base en las leyes, y que aunque lo provoquen y lo insulten, tiene una responsabilidad pública. Hoy avanzan los tiempos políticos y todos los esfuerzos que se hicieron en el pasado no han servido de nada, y las condiciones de Chiapas están peor que nunca. Como lo expresó el propio secretario de Gobernación, Francisco Labastida, en un lenguaje que llama la atención: "la situación está pésima". Así lo está reconociendo el propio gobierno. Si así están las cosas, en vez de pensar en una instancia de mediación que el gobierno sabe que es imposible que sea exitosa, por qué proponer una idea como la mediación directa. En el contexto y las condiciones actuales existentes en Chiapas, se sabe de antemano que eso no va a servir. Por qué el gobierno no toma dos, tres o cuatro decisiones que recuperen la intención política para poder corregir algo que no ha funcionado. ¿Qué es preferible?, hacer esa corrección en febrero de 1999, o intentarla en el 2000, o arrepentirse en el 2001 de no haber hecho nada. Si el gobierno realmente desea comunicar un mensaje positivo, ¡qué lo haga!; esto no quiere decir que en el primer intento el EZLN va a aceptar. Pero incluso si no llegaran a aceptar, si el gobierno realmente cambia la política, y demuestra que su verdadera decisión es encontrar una solución política, ¡qué más da!, el EZLN se quedaría aislado políticamente por haberse negado. Pero estoy seguro que ante una iniciativa de esa naturaleza habría un cambio.

Para no hablar en abstracto, repito algunas cosas que ya he dicho ¿qué no se puede hacer una consulta nacional? Se sabe que la consulta que se va a realizar el próximo 21 de marzo tiene el propósito de potenciar a una de las partes, al EZLN, si eso no es suficiente, ¿por qué no el gobierno aprovecha esa dinámica y ese interés que tiene el EZLN para llegar a un plebiscito nacional, donde los ciudadanos digan si les gusta o no les gusta la reforma?, ¿qué perdería el gobierno si promoviera una reforma constitucional para poder hacer un plebiscito?, que además se va a necesitar para otras cosas. Sería muy importante que, en consecuencia, se aceptara la decisión que emergiera de ese plebiscito.

En segundo lugar, ¿qué se pierde con un reposicionamiento de las tropas en Chiapas? El ejército tiene toda la capacidad para garantizar la seguridad. Desde la óptica de la solución, se debe entender que mientras no haya un acuerdo de paz, ni el EZLN va a entregar las armas, ni va a salir el ejército. Si se llegara a dar un reposicionamiento de tropas, debe ser real, ¿qué se pierde?, no creo que se pierda ni un milímetro de control, y en cambio se ganaría mucha autoridad.

Como tercer aspecto, no es posible resolver nada en Chiapas con las actuales autoridades locales, y con los vicios que tiene el proceso político en el estado. Tiene que haber una nueva elección en Chiapas, tiene que haber una nueva autoridad local. Es un precio muy barato, mucho más barato que estar cambiando de gobernador y seguir reproduciendo un esquema viciado. Y para que no haya una intervención internacional –creo firmemente que no debemos llegar a eso– hay que encontrar una fórmula que dé resultados. Por ejemplo, los consejeros del IFE pueden ayudar, a través del artículo 119 de la Constitución –que se ha utilizado para otros propósitos–, para tomar el control de una elección imparcial donde podría participar la sociedad civil. Confío más en la opinión, por ejemplo, de Rodolfo Stavenhagen, que en la opinión de un extranjero. Si eso se hiciera y de ahí resulta una nueva autoridad antes de las elecciones del año 2000, eso contribuiría a generar una distensión enorme, de otra manera, ¿cómo puede haber una reconciliación cuando la autoridad no tiene legitimidad y es parte central del conflicto?

MARCO ANTONIO BERNAL: Hay muchos puntos en que podemos coincidir, y también tenemos muchas diferencias. Deseo insistir en un punto que me parece fundamental. Mientras en el país no exista consenso en las fuerzas políticas para resolver el problema de Chiapas, por más imaginación que se tenga, las cosas no van a cambiar. Y por consenso de las fuerzas políticas me refiero a la responsabilidad que se le tiene que exigir a los actores que participan en Chiapas. Responsabilidad del gobierno, del EZLN, de los partidos políticos, de la COCOPA y también, aunque ya no participa como intermediario, la responsabilidad política que sigue teniendo en la zona norte del estado la cabeza política de la CONAI. En Chiapas hay que trascender la idea de buenos y malos, abrirnos un poquito más, y aceptar que en este conflicto ha participado mucha gente y muchas fuerzas y cada uno tiene responsabilidad política. ¿A dónde ha llegado esta situación?, una manera de componerla o de empezar a recomponerla es aceptar la responsabilidad política de cada uno de nosotros, para que se pueda encontrar un nuevo acuerdo que haga posible un nuevo proceso de negociación viable y seguro, sobre todo ahora que se acerca el año 2000. Creo que el sentido de urgencia que manifiesta Manuel Camacho es fundamental para México. Es un asunto que hay que atender con urgencia y con prontitud.

Miguel Álvarez Gándara: Yo deseo precisar dos cosas. En primer término, recogiendo una de las ideas de Cynthia Arnson en el sentido de que una negociación sólida requiere que se haya agotado de alguna manera la capacidad y la lógica militar yo no coincido. El tipo de conflicto en Chiapas no requiere que esperemos al agotamiento y agravamiento de lo militar. Hay ya condiciones para buscar una salida política. Esa salida no es la que está habiendo ahora, no es jugando al estatus de problemática local y dejando que aparezca como parte beligerante la locura del gobierno local. No es con esta desarticulación de medidas y programas, no es polarizando y acelerando las condiciones de violencia, ni diciendo que las responsabilidades por haber propiciado las condiciones para que emergieran los grupos paramilitares se hacían supuestamente a título personal e individual. Fue una estrategia de Estado. Va más allá de la exigencia al equipo del gobierno. Si no hacemos nuestro el reto de la paz, y si no participa la sociedad en pleno, no sólo con los que nos hemos mantenido activos en el proceso de Chiapas sino con el conjunto de fuerzas políticas, sociales y económicas, no va a haber solución. Hay que tomar en serio la agenda prioritaria para el país y desde ahí hacer una nueva estrategia de Estado. Yo efectivamente no veo cómo se puede frenar a corto plazo el deterioro de la situación, pues se puede convertir en una complicación mucho más grande y nacional, y se puede expander la violencia.

En segundo lugar, es muy importante insistir en que la mediación depende y se adapta al tipo de negociación, en convergencia con una salida política y constitucional de paz. Es necesario, para lograr reorientar el proceso, hablar con claridad de qué tipo de negociación se puede implementar, teniendo claro que es la coadyuvancia. La discusión relativa a si la COCOPA podría ser instancia de mediación substitutiva de la CONAI muestra una falta de claridad enorme. La mediación a través de la CONAI fue una instancia específica confiable y distinta que en el caso de México jugó un papel delicadísimo, lo que explica las tensiones que tuvieron que ver con la conducción metodológica. La CONAI efectivamente tenía como eje el papel de don Samuel Ruiz, pero no sólo fue una expresión de la dimensión eclesial, sino de la participación de la visión y el aporte de la sociedad civil. Sigue siendo fundamental para la siguiente etapa entender de dónde puede surgir la mediación: es básicamente del conjunto de fuerzas de la sociedad civil. En todo caso el gran pecado de don Samuel Ruiz y de la CONAI fue haberse mantenido en una visión de paz que buscaba la solución de fondo de las causas, y de haber decidido efectivamente hacer públicas una serie de crisis, cuando se presentaron los momentos definitorios.

Como propuesta convoquemos al segundo taller. Además, creo que hay materia y condiciones para que los diferentes equipos del gobierno se puedan reunir. No hay entre ellos ni siquiera la herencia de su trabajo y aprendizajes. Cada uno quiere partir de cero y no se ven las cosas de conjunto, por ello no se está entendiendo lo que está pasando y lo que hay que hacer.

México:
el desafío de
Chiapas a fin
de siglo

El desafío de Chiapas a fin del milenio

Emilio Rabasa

EL PASADO PRIMERO de enero de 1999 se cumplieron cinco años de duración del conflicto en Chiapas. El día de mañana, 12 de enero, serán cinco años del cese al fuego decretado unilateralmente por el gobierno. Se trata por lo tanto de un conflicto cuya fase de hostilidades ha sido muy corta y la fase de negociaciones muy larga, si lo comparamos con cualquier otro conflicto interno tanto en Latinoamérica como en Europa. En estos últimos la fase de hostilidades ha sido de larga duración, como por ejemplo en Guatemala, El Salvador e Irlanda, en tanto que la fase de negociaciones que condujo finalmente a la firma de los acuerdos de paz fue relativamente corta.

Sólo mencionaremos dos ejemplos distintos y distantes. En Irlanda del Norte las hostilidades se extendieron por 30 años aproximadamente, en tanto que tan sólo la sexta parte de ese lapso, cinco años, ocupó a los negociadores para llegar al acuerdo de Stormont el 10 de abril de 1998. En el caso de El Salvador el conflicto armado se extendió por 12 años; las negociaciones conducentes a los Acuerdos de Chapultepec de 1992, duraron aproximadamente dos años.

¿Por qué, a diferencia de estos casos, se ha prolongado tanto la fase de negociación en el conflicto de Chiapas? Creo que en la respuesta a esta pregunta podríamos encontrar alguna indicación sobre el desafío de Chiapas hacia el final del milenio.

Un elemento que permite explicar esta diferencia con respecto a El Salvador y Guatemala es que la rebelión armada en México se da en el marco de un proceso de reforma política orientada a la consolidación de una democracia pluralista, hecho que permitió la instauración del diálogo como el procedimiento para superar las diferencias, a los pocos días de la insurrección del Ejército Zapatista de Liberación Nacional.

La voluntad de resolver por la vía pacífica y política el conflicto en Chiapas se hizo evidente desde el 12 de enero de 1994, cuando el gobierno decidió la suspensión unilateral del fuego y planteó que sólo por la vía de la negociación sería posible lograr una paz con dignidad y justicia.

La disposición gubernamental de resolver el conflicto por la vía del diálogo se institucionalizó con la promulgación de la Ley para el Diálogo, la Conciliación y la Paz Digna en Chiapas en marzo de 1995, ordenamiento normativo que regula el proceso de negociaciones entre el gobierno federal y el EZLN, hasta que pueda llegarse a la firma de un acuerdo de concordia y pacificación. Ningún otro país ha encauzado en tan breve tiempo y en la dirección pacifista y legal un conflicto interno con un grupo armado que declaró la guerra al gobierno y al ejército mexicanos. Estas características esenciales se han preservado a lo largo de estos cinco años: rechazo al uso de la fuerza para solucionar el conflicto y la observancia de la ley para el diálogo y la negociación.

La convergencia de puntos de vista entre el gobierno y el EZLN de favorecer la solución del conflicto por la vía política, es indicativa de que esta ley es un mecanismo efectivo que posibilita la construcción de acuerdos y consensos entre mexicanos que tienen posiciones divergentes.

La aceptación por parte de los actores políticos del conflicto en Chiapas de evitar el uso de la fuerza es un elemento que revela, a pesar de las diferencias, que existe una franja de común acuerdo para resolver el conflicto en el marco del estado democrático de derecho.

No obstante esta zona de convergencia respecto al método para la solución del conflicto, existen divergencias de fondo con respecto a los contenidos para llegar a un acuerdo que ponga fin al conflicto. Desde el inicio del levantamiento armado, el EZLN ha mantenido como postura fundamental la necesidad del cambio de régimen: pretende acabar con el vigente e instaurar uno nuevo. Al no poder derrocarlo por las armas optó por el despliegue de una red de alianzas con organizaciones simpatizantes de la sociedad civil, cuyo propósito es desacreditar al gobierno como estrategia para ganar el poder.

El gobierno, por su parte, acotado por el estado de derecho sólo puede actuar dentro del margen de la legalidad y debe sostener lo que la ley establece. Concretamente la Ley para el Diálogo, la Conciliación y la Paz Digna en Chiapas, en su artículo 2, establece cuál debe ser el contenido del acuerdo de concordia y pacificación:

1. Asegurar la paz justa, digna y duradera;
2. atender las causas que originaron el conflicto;
3. garantizar la participación del EZLN en el ejercicio de la política;
4. conciliar las demandas de diversos sectores sociales;
5. Promover el bienestar social y desarrollo sustentable en Chiapas, y
6. amnistía.

La participación del EZLN en el ejercicio de la política es ciertamente uno de los puntos de mayor divergencia entre las partes. Con base en la ley para el diálogo, el gobierno debe de propiciar que los integrantes del EZLN participen en el ejercicio de la política dentro de los cauces pacíficos que ofrece el estado de derecho, con respeto absoluto a su dignidad y garantías como ciudadanos mexicanos. El EZLN ha expresado su desinterés por convertirse en una fuerza política actuante dentro de la legalidad. Rechaza a la democracia representativa como una vieja forma de hacer política que se decide entre profesionales y recordando la crítica roussoniana estima que "sólo se vuelve a ver al ciudadano cuando lo necesita como elector".

Ante la reivindicación de estas posiciones, el gobierno ha asumido que la vigencia de la legalidad y la preservación del estado de derecho son principios esenciales a los que el Estado mexicano no puede renunciar, por lo tanto, el acuerdo de concordia y pacificación que será resultado de las negociaciones, con base en los cuales será posible llegar a una solución pacífica del conflicto, debe estar en correspondencia con estos principios. Con ellos, el gobierno, sin embargo, no mantiene una posición estática del Estado; por el contrario, ha venido favoreciendo una reforma que rebasa lo estrictamente electoral para incidir en temas de una agenda cuyo cumplimiento llevaría a la consolidación democrática y ampliamente participativa de la sociedad.

¿Cómo conciliar dos posiciones divergentes: el cambio de régimen de parte del EZLN y la preservación de la consolidación democrática por parte del gobierno?

Entre el cambio de régimen sostenido por un grupo armado y un régimen que cambia y se transforma por la vía pacífica de la civilidad, la única posibilidad de entendimiento es el compromiso de recorrer la negociación a través del método del diálogo y la negociación. Por ello, el condicionamiento hecho por el grupo inconforme para regresar a las negociaciones en nada contribuye a lograr el entendimiento político que reclaman la mayoría de los mexicanos y al avance hacia una solución política del conflicto en Chiapas.

El gran desafío de Chiapas en este fin de siglo, para lograr la reconciliación social de las comunidades indígenas, polarizadas por las divergencias ideológicas y políticas desde el surgimiento del conflicto, es que las partes asuman un efectivo compromiso y su plena disposición para reanudar el diálogo a la brevedad posible. Resulta indispensable retomar y preservar en el espíritu y la letra los Acuerdos de San Miguel: fundamentalmente la continuidad del diálogo.

Durante 1998, el gobierno desplegó una serie de iniciativas para estos propósitos. Primero con la CONAI, luego con la COCOPA y de manera directa ha buscado la reanudación del diálogo con el EZLN. En 1999 seguirá insistiendo en recorrer este camino.

La preservación de la vía política como el mecanismo para dirimir las diferencias y llegar a consensos entre el gobierno y el EZLN nos permitiría en un breve plazo, llegar a la firma del acuerdo de concordia y pacificación, que señala la ley para el diálogo. De otra manera, el conflicto en Chiapas se prolongará durante largo tiempo. Ésta es una opción que sólo propiciaría el incremento de las tensiones políticas y la discordia en las comunidades indígenas de Chiapas, con la consecuente mayor desarticulación del tejido social.

En esta disyuntiva se ubica, por lo que se refiere al conflicto en Chiapas, su desafío al final del siglo.

Tres perspectivas sobre el conflicto en Chiapas

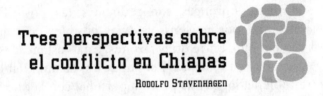

Rodolfo Stavenhagen

EL CONFLICTO ENTRE el gobierno federal y el Ejército Zapatista de Liberación Nacional (EZLN) en Chiapas tiene, como todo conflicto, diversos antecedentes, varias facetas y algunas soluciones posibles. No se trata, evidentemente, de un asunto sencillo; el conflicto –que en realidad son varios conflictos a la vez– no se debe a una única causa ni tampoco existe solamente una solución posible. Es más, se están tejiendo muchos relatos diferentes en torno a este enfrentamiento, lo cual no solamente logra confundir a la opinión pública, sino también a los especialistas y, me atrevo a añadir, a los propios contendientes. Como en la famosa película "Rashomón" de Akira Kurosawa, el conflicto lo definen los participantes y los observadores, según la perspectiva desde donde se mire y según el discurso con el cual se construyen los parámetros del propio conflicto.

Desde mi punto de vista, éste es uno de los temas que deben resolverse en el corto plazo. En otras palabras, antes de poder resolver la contienda en sí, hay que buscar resolver el pleito existente sobre la definición del conflicto, la querella de los discursos, el enfrentamiento de las perspectivas, la disputa sobre el color de los cristales a través de los cuales se mira el conflicto real. Esto no se ha logrado todavía; no existe acuerdo en cuanto a la definición del conflicto mismo. Todo conflicto implica posturas contrarias de las partes, pero si no hay un acuerdo mínimo sobre la naturaleza misma del conflicto, entonces son reducidas las posibilidades de encontrar por consenso las vías posibles de solución. Tal vez por ello, entre otras razones, están estancadas las negociaciones en Chiapas. Por supuesto, cuando hablo de esto, también adopto una postura personal con la que otros pueden no estar de acuerdo.

Pienso que en la actual coyuntura se puede abordar este problema a partir de tres perspectivas fundamentales.

1. En primer lugar, está presente lo que podríamos llamar el *conflicto estructural.* Éste no es privativo de Chiapas, ya que existe en muchas otras partes del país, particularmente en aquellas zonas donde predominan pueblos y poblaciones indígenas. El conflicto estructural tiene viejas raíces históricas, basado como lo está en un sistema socio-económico que ha generado grandes desigualdades sociales y producido la discriminación y marginación de amplios sectores de la población, así como una estructura asimétrica del poder político. Los estudiosos han documentado fehacientemente los problemas de la concentración de la riqueza desde la época colonial hasta la actualidad, la grave situación, aún no resuelta, de la tenencia de la tierra, es decir, el problema agrario, la corrupción y el caciquismo como formas de control político, la estratificación social basada en criterios étnicos que no logra disimular una buena dosis de racismo. Hace algunos años, con base en estudios de campo realizados en las décadas de los cuarenta a los sesenta, hablábamos del colonialismo interno al referirnos a esta situación.* No es que a estas alturas el colonialismo haya desaparecido sino que se han modificado sus características. No coincido con las opiniones

---

*Léase Rodolfo Stavenhagen, "Clases, colonialismo y aculturación", en *Revista América Latina*, Rio de Janeiro, Centro Latinoamericano de Investigaciones en Ciencias Sociales, año 6, núm. 4, 1963, pp. 63-104; y *Las clases sociales en las sociedades agrarias*, Siglo XXI, México, 1969.

que afirman que el Tratado de Libre Comercio (TLC) va a generar efectos positivos en la población. El proceso de modernización y globalización económica en países como los nuestros, y ciertamente en regiones como Chiapas, que promueven acuerdos como el TLC, tienden a agudizar las desigualdades sociales y producen el empobrecimiento de grandes sectores de la población, sobre todo indígena. Este proceso tampoco no es nuevo, y en su oportunidad hace varias décadas fue calificado de "desarrollo del subdesarrollo". Todo esto ha confluido en el conflicto estructural en Chiapas.

En este conflicto estructural, que es una de nuestras perspectivas de análisis, hay varios actores. ¿Quiénes son los principales actores? Desde luego son los campesinos, en primer lugar los campesinos indígenas, las víctimas históricas de esta situación. Pero también hay otros actores y sectores: los grupos de interés locales tan estudiados en Chiapas como en muchas otras partes de nuestro país, los terratenientes y latifundistas; los comerciantes grandes y pequeños; los transportistas y, en años más recientes, los funcionarios gubernamentales de todos los niveles.

También es importante señalar la existencia del conflicto étnico, a veces latente a veces abierto, entre indígenas y mestizos, enraizado también en la situación de colonialismo interno. Contrariamente a lo que afirman algunos comentaristas, este conflicto no es un invento de los antropólogos. No son ellos quienes han inventado las diferencias étnicas, aunque sí las han estudiado y analizado, sino que éstas son el producto de las relaciones asimétricas de poder económico y social que se establecieron desde la Colonia. Localmente, la gente distingue bien entre "indios" y "caxlanes", o "gente de razón" o "ladinos". Éstos son conceptos que maneja la propia gente de la región y se refieren a toda una serie de estatus sociales, a sistemas de relaciones interpersonales, formas de discriminación y exclusión, etcétera. Todo esto forma parte del conflicto estructural enraizado en Chiapas y en otras zonas indígenas del país. Además, es preciso no olvidarlo: la situación descrita ha generado un panorama de persistente violación de los derechos humanos de los campesinos e indígenas, de la que han sido víctimas los dirigentes sociales, las mujeres, los niños, los trabajadores, los migrantes y colonos, hasta los núcleos de población y comunidades enteras. Esta dramática situación ha sido objeto de atención de organismos nacionales e internacionales de derechos humanos, y sin duda constituye uno de los detonantes de la sublevación de 1994.

El conflicto estructural no tiene solución a corto plazo. Nos haríamos ilusiones al creer que con un acuerdo de San Andrés o cualquier otro acuerdo negociado, este conflicto desaparecerá. Las estructuras sociales, económicas y políticas de la desigualdad y la subordinación se modificarán sólo paulatinamente mediante procesos de cambio a largo plazo y con políticas constantes y persistentes de apoyo a los pueblos y comunidades indígenas, mediante la redistribución de la riqueza y del poder político. Una nueva legislación indígena estatal no podrá tampoco modificar por sí sola esta situación, que por cierto no es característica solamente del estado de Chiapas.

A este respecto es ilustrativa la experiencia reciente de Guatemala. Con la firma del acuerdo de paz en el vecino país, en 1996, se solucionaron algunos problemas, pero se plantearon muchos otros, precisamente aquellos relacionados con la inequitativa estructura social y económica. Me temo que en el marco del modelo económico neoliberal y globalizador, que ha sido adoptado por nuestros gobernantes, este tipo de conflicto estructural no tiene solución ni a corto ni a mediano plazo.

2. La segunda perspectiva es el conflicto político existente entre un grupo político-militar, el EZLN, con sus bases y su estructura de apoyo en zonas bien delimitadas de la región, pero además también una gama amplia de organizaciones campesinas y populares, y la estructura del poder local concentrada en la élite gobernante del estado. Éste ha sido tradicionalmente, como es bien sabido, un poder autocrático, caciquil y antidemocrático, aunque a veces parezca formalmente ser legal e institucional. Es preciso subrayar que los autoritarios no son los que han tomado las armas (como se acusa con frecuencia a la dirigencia del EZLN), sino son los que han ejercido el poder contra los intereses y el bienestar de los pueblos campesinos e indígenas.

¿Quiénes son los actores en este conflicto político y ahora también militar o pseudo-militar que se da en Chiapas? Jan de Vos señala que la crisis actual se da a partir de los años cincuenta, cuando se establece en la región el primer Centro Coordinador del Instituto Nacional Indigenista (INI), y cuando comienzan a surgir las primeras organizaciones campesinas e indígenas que reivindican sus derechos ante el Estado. Estas organizaciones, que se multiplican en los años subsiguientes, serán los actores principales del conflicto político que estalla en los setenta y que ha sido descrito por diversos autores. Además de los sindicatos y las uniones campesinas, cabe mencionar los grupos eclesiásticos: la teología india encabezada por el obispo Samuel Ruiz en la Diócesis de San Cristóbal, las estructuras más bien conservadoras de la iglesia católica tradicional y los diversos grupos evangélicos que logran penetrar espectacularmente entre varios sectores de la población. También llegan a tener importancia las pequeñas organizaciones de activistas de izquierda, a veces representando tendencias distintas y con frecuencia peleadas entre sí, que se adhieren, o a veces encabezan, las luchas de las organizaciones indígenas y campesinas, y hacen (y deshacen) diversas alianzas. De ellas surge la corriente que se inclina por la lucha armada.

Del otro lado se encuentran las asociaciones de terratenientes, los madereros, los "auténticos coletos" de San Cristóbal de las Casas, las organizaciones de empresarios y ganaderos que temen por sus bienes e intereses, así como los caciques municipales afiliados a las estructuras del PRI. Miembros de algunos de estos sectores promovieron en años anteriores la constitución de las temidas "guardias blancas", grupos armados privados al servicio de tal o cual latifundista. El panorama se complica en los ochenta cuando nuevos partidos políticos desafían las viejas estructuras de control del PRI y luchan por el poder político en el nivel municipal y estatal. Como el conflicto estalló con una declaración de guerra del EZLN, a raíz de la cual el ejército mexicano fortaleció considerablemente su presencia en el estado (se habla de más de 40,000 efectivos), es preciso también tomar en consideración los diversos intereses que ahora tienen en el conflicto las fuerzas militares. Finalmente, sólo se puede especular, por carecer de información empírica, sobre la influencia del narcotráfico en la región.

Hay, pues, toda una gama de actores diferentes que hoy tienen intereses muy especiales en esta lucha político-militar, la cual se alimenta del conflicto estructural mencionado anteriormente. Ahora bien, ¿qué solución se puede dar a esta problemática? Se habla mucho, en este contexto, de la "modernización" y de la democratización de la vida política en el nivel local, pero los observadores no coinciden si detrás de la retórica oficial al respecto realmente se estén dando cambios efectivos en la vida cotidiana de los ciudadanos.

El coordinador gubernamental para el diálogo en Chiapas, Emilio Rabasa, ha reiterado que la posición del gobierno es en favor de la modernización y democratización de la vida política en Chiapas. No obstante esta afirmación, más bien parece que la tradición del poder político en Chiapas, como en otras partes del país, ha sido precisamente contraria a la modernización y la democratización. En el mejor de los casos se ha tratado de lo que algunos califican de "democratización de baja intensidad". A mi juicio, a partir de 1994 el gobierno federal tuvo la oportunidad de promover esta tendencia, pero fue incapaz de llevarla a cabo. Es ésta una de las causas por las cuales en este momento se encuentra estancada la negociación pacífica del conflicto. ¿Por qué fue incapaz el gobierno de modernizar y democratizar la vida política en Chiapas? La respuesta sólo la puede dar el gobierno mismo.

Pero como observador externo, se puede plantear también una tercera perspectiva.

3. Desde hace más de cinco años existe un *conflicto armado* entre el EZLN y los gobiernos federal y estatal. El EZLN tiene sus bases de apoyo y sus simpatizantes no solamente en Chiapas, sino en todo el país y aun en el extranjero. El gobierno tiene el poder, los recursos, la fuerza militar y las instituciones políticas y administrativas. Ahora bien, no olvidemos que en 1995 el Congreso de la Unión aprobó una ley para el diálogo y la pacificación en la cual se reconoce legalmente a "un grupo de mexicanos inconformes, mayoritariamente indígenas", es decir, se reconoce *de facto* aunque no *de jure* al EZLN como beligerante.

El periodo de enfrentamiento militar entre las dos fuerzas fue muy corto, felizmente para el país, pero en cambio el periodo de negociación ha sido muy largo. El número de víctimas de los enfrentamientos militares de los primeros días, en comparación con otros países que han vivido crisis similares, no ha sido tan elevado (se calculan por todo alrededor de 150 víctimas, mientras que en guerras centroamericanas durante las últimas décadas las cifras fueron decenas de miles). Sin embargo, la situación se ha complicado con la presencia creciente de grupos paramilitares que han sembrado la violencia y uno de los cuales fue responsable de la atroz matanza de Acteal en diciembre de 1997. El gobierno no acepta que son "paramilitares", y los llama "grupos civiles armados" (un ejemplo más del conflicto en torno de la terminología). El peligro de estos grupos, como se ha visto en otras latitudes (Colombia, por ejemplo), es que con el tiempo pueden llegar a estar fuera de control de quienes los crearon y armaron con fines específicos. En fin, no importa cómo se llamen, todos saben que existen y cómo operan, lo que es menos claro es quién los maneja, quién les da instrucciones y quién los controla hasta ahora. Ellos son un elemento adicional que complica el panorama y dificulta la reanudación de las negociaciones de paz.

¿Quiénes son los contendientes en este conflicto armado? En primer lugar, por supuesto, el EZLN, y sus bases de apoyo, incluyendo ahora los municipios autónomos y las RAP (Regiones Autónomas Pluriétnicas); el gobierno federal, el gobierno estatal, el ejército nacional y también actores como la CONAI y la COCOPA. Aunque la primera ha desaparecido como instancia de mediación en el conflicto, la solución al conflicto desde esta perspectiva ha sido desde el principio y tendrá que seguir siendo el diálogo y la negociación. Pero como todos sabemos, la negociación está suspendida y la CONAI se disolvió. ¿Por qué ha fracasado la negociación? ¿Qué opciones y perspectivas hay para que se reanude?

Me parece, desde esta tercera perspectiva del análisis del conflicto, que se han confundido los tiempos y las estrategias correspondientes: entre el conflicto estructural y las causas profundas que lo motivan, el conflicto político con la insuficiente modernización del sistema democrático, y el conflicto armado, a partir de enero 1994, con todo lo que ha sucedido desde entonces.

Colocándose en la perspectiva macro o estructural, el gobierno anuncia grandes inversiones en Chiapas de las agencias multilaterales y las empresas transnacionales, pero aparentemente no pasa nada. ¿Dónde están esos recursos anunciados? ¿Quién se ha quedado con ellos? ¿A quiénes han beneficiado? Es reveladora la afirmación de analistas estadounidenses en el sentido de que el conflicto de Chiapas no preocupa mayormente a Wall Street. Por una parte, como mexicanos, debiéramos estar satisfechos de que así sea, pero por la otra podría pensarse que si le preocupara más a Wall Street, el gobierno mexicano quizás buscaría darle una solución más rápida al conflicto.

Pero también hay otros aspectos. Se ha dicho que el EZLN no le cree a los partidos políticos, no confía en el sistema electoral, y anuncia con cierta frecuencia que va a haber una gran organización de la sociedad civil. ¿Dónde está esta organización, qué ha pasado con la "señora" sociedad civil? ¿Cuál es el proyecto histórico alternativo para el país, qué otro tipo de modernización se está proponiendo, cuál es la fuerza de la sociedad civil para imponer a las dos partes en conflicto la paz que todos queremos?

Mientras la sociedad civil se organiza y compromete (no niego en ningún momento la importante labor por la paz y los derechos humanos que realizan centenas de organizaciones y asociaciones populares, pero me refiero en general a la sociedad civil en el nivel nacional), la situación social y política en la zona de conflicto y aledañas se deteriora rápida y visiblemente, cosa reconocida por todos los actores en el conflicto, los observadores nacionales y extranjeros y las más altas autoridades del país.

Las verdaderas víctimas del conflicto son las comunidades y los pueblos indígenas, cuya situación social y económica ha empeorado en los últimos años. Sin embargo, a estas alturas, el gobierno promete implantar la democracia y promover el desarrollo, cuando no ha sido capaz de dar una solución negociada al conflicto armado. En cinco años ha habido en Chiapas cinco gobernadores impuestos por el gobierno federal. ¿Dónde quedó la democracia y el juego limpio de la representación y de la participación popular? El EZLN, por su parte, rechaza el juego viciado de los partidos, ¿pero dónde está la alternativa? La autoridad y el estado de derecho están deslegitimados. El discurso oficial dice que hay que restablecer el estado de derecho en Chiapas, pero cabe la pregunta: ¿cuál estado de derecho? ¿Cuándo hubo para los campesinos y los indígenas en Chiapas un estado de derecho? Si éste hubiera existido, no habría habido un levantamiento zapatista.

Las controversias sobre el conflicto y sus causas y dinámica conducen a una creciente polarización de los actores. Se polarizan las posturas ideológicas en la nación y en el estado de Chiapas. En los municipios donde está presente el conflicto crece la violencia, proliferan los grupos paramilitares y aumentan las violaciones a los derechos humanos, situación denunciada por la Comisión Nacional de Derechos Humanos y las organizaciones civiles de derechos humanos.

A corto plazo, ¿cómo se presenta el panorama? Las negociaciones están interrumpidas, no hay diálogo ni mediación, las partes en conflicto se descalifican y se satanizan mutuamente, los zapatistas no confían en las buenas intenciones del gobierno, y éste trata a los zapatistas de intransigentes. No hay confianza mutua, y no puede haber negociación si no existe un mínimo de confianza: es lo que enseña también la historia reciente de Guatemala, El Salvador, Colombia, Irlanda del Norte, Israel y otras partes.

Me parece, aunque puedo estar equivocado, que ninguna de las dos partes tiene realmente en este momento una estrategia de paz. Lo que tienen son estrategias políticas a corto plazo, para ésta o aquella finalidad inmediata, para marcar puntos de uno o de otro lado; pero no se advierte una estrategia de paz para salir de este conflicto a corto plazo.

Entretanto continúan los mensajes y las interpretaciones contradictorias. Algunos dicen que el EZLN se fortalece y se consolida políticamente en los municipios autónomos, con las organizaciones de base y sus simpatizantes, que está creando una clientela política fuerte, cuando menos en Chiapas, pero también tal vez en otras zonas. Por otra parte, el gobierno intenta desarticular, aislar, achicar y dividir a los zapatistas a través de las tradicionales medidas de cooptación, clientelismo y corrupción, táctica que ha tenido algún éxito en las comunidades y las organizaciones sociales.

Esta polarización ideológica conduce a posturas extremas en donde por un lado los zapatistas acusan al gobierno de una "guerra de exterminio" y por el otro, el gobierno anuncia y repite *urbi et orbi* que "en Chiapas no hay guerra", cuando mucho, dice, hay algunos conflictos locales entre familias, vecinos y comunidades. A mi juicio, ninguna de las dos posturas es realista. En Chiapas sí hay guerra, con tregua, pero hay guerra de baja intensidad. De ello dan testimonio miles de desplazados, numerosos muertos, los grupos paramilitares, el hostigamiento a los observadores extranjeros. Pero también existe la ley en la que se reconoce al EZLN y la que establece la necesidad de llegar a un acuerdo de paz. Lo que sucede es que no se ha llegado aún al acuerdo de paz (porque los Acuerdos de San Andrés Larráinzar firmados, constituyen sólo la parte inicial de lo que sería el acuerdo de paz). Así que tal vez nos encontramos en un estado de ni guerra, ni paz. Pero simplemente decir por razones retóricas que aquí no hay guerra, o por otra parte decir que hay una guerra de exterminio y que "nos van a acabar a todos", no corresponde a la realidad ni de unos ni de otros. Guerras de exterminio han sido la de Bosnia o el genocidio de Ruanda. En México, por fortuna, no se ha llegado ni se llegará nunca a estos extremos. Pero tratar de vender el país en el extranjero diciendo "aquí no pasa nada", es un flaco favor para la grave problemática que se está viviendo en el país.

Vale la pena pensar en las opciones que puede haber en esta coyuntura. Primero hay que suponer que ambas partes quieren una solución digna y justa al conflicto, hay que suponerlo. Yo no estoy convencido que así sea, pero hay que suponerlo. Segundo, hay que bajar el nivel del protagonismo declarativo de las partes involucradas que no conduce a soluciones efectivas. Se habla a la televisión, para la prensa, al Internet, pero no con el adversario. Lo importante es que los contrincantes comiencen a hablar el uno con el otro. Hay que buscar contactos discretos, eso sí, en una primera etapa para iniciar lo que en la emergente disciplina de resolución de conflictos se llama "pláticas sobre las pláticas". No se puede volver al esquema de San Miguel y de San Andrés: éste está agotado. Es preciso inventar nuevas modalidades porque de hecho ya hubo un diálogo, y ya hubo un acuerdo firmado. Por lo tanto, sí es posible la paz en este país, pero se requiere de la buena voluntad de ambas partes.

Yo coincido con varios de los participantes de este seminario cuando dicen que en esta situación en que hay dos partes, una parte es la todopoderosa, el Estado mexicano, y la otra parte es la débil, que está acorralada, restringida, que en lo estrictamente militar prácticamente no cuenta, pero que políticamente ofrece al país y su gobierno un considerable desafío. Si el gobierno no es capaz de dar una solución política a este desafío político, creo que vamos a comenzar muy mal el siglo XXI. Como el año 1999 ya pinta como un año electoral, es posible que por consideraciones de política electoral el conflicto chiapaneco sea relegado a segundo plano. Por esto no puedo ser muy optimista, creo que es poco probable que se vean cambios grandes en este conflicto, tal parece que las dos partes quieren, cada una por sus razones, ganar algo de tiempo. El gobierno federal ha demostrado que se conforma con administrar el conflicto y mantenerlo restringido. En cambio, el EZLN parece estar convencido que puede aguantar el tiempo necesario, tal vez hasta que se presente, a su juicio, una mejor coyuntura política. Me temo que ambos pueden estar equivocados.

La crisis de Chiapas
vista desde Wall Street

Susan Kaufman Purcell

LAS IDEAS que presentaré a continuación representan mis puntos de vista, no los de la organización en la cual trabajo. Voy a basarme en mi experiencia de varios años de estudiar a México, a pesar de que Manuel Camacho dijo que se comprende bien que no van a confiar en los puntos de vista de los extranjeros en sus opiniones con respecto a Chiapas. El tema que abordaré es el impacto de la crisis de Chiapas y su efecto en el sistema político mexicano en la actitud y percepciones de los inversionistas extranjeros. También voy a analizar el impacto sobre la política exterior de Estados Unidos y cómo esta crisis afecta las relaciones entre los Estados Unidos y México.

Mi actividad laboral se desarrolla en Nueva York, en la comunidad de Wall Street. Lo primero que se puede afirmar es que todo este asunto de Chiapas no ha tenido mucho impacto sobre la manera en que la gente de Wall Street ve a México. Esto se debe a que se ve a Chiapas y su crisis como un acontecimiento localizado, y no como un movimiento guerrillero nacional. A inicios, en 1994, hubo algún temor de que podía crecer este movimiento, pues parecía que el pueblo mexicano le tenía mucha simpatía a la guerrilla. Todo el mundo siente simpatía hacia los indígenas y se sabe cómo han sufrido, pero la impresión actual es que el movimiento zapatista ha perdido apoyo por parte del pueblo mexicano.

Se ve que el punto de vista de los mexicanos con respecto a los zapatistas hoy día no es tan romántico como antes. En el exterior parecía que los mexicanos daban a los zapatistas el beneficio de la duda con respecto a sus metas. Ahora, lo que se percibe es que no están tan seguros de qué quieren los zapatistas. Yo tampoco estoy segura de qué fines tienen los zapatistas, o si quieren negociar o no.

Lo que preocupa a la comunidad vinculada a las inversiones extranjeras son por ahora otros asuntos, por ejemplo, aquéllos relacionados con la economía, las finanzas y la moneda mexicana. Se desea que el país no ponga controles de capital, que el país no gaste más de lo que tiene, que se pueda evitar la inflación. Otra cosa que preocupa mucho es la seguridad física de los inversionistas en México. Ustedes son los que más están sufriendo por estos problemas. Si la situación de los inversionistas llega a ser una amenaza a su seguridad, implica que van a tener que gastar demasiado dinero para la protección de su seguridad y de los productos de sus compañías. Ésta es una preocupación creciente y más importante que la situación en Chiapas, porque en Chiapas casi no hay inversión extranjera.

Desde mi punto de vista, en Chiapas se ve un tipo de empate y no sé si los zapatistas piensan que una solución política sea posible. Por ejemplo, las negociaciones en otras partes de América Latina –claro que todas estas situaciones son diferentes ya que México no es El Salvador, ni Colombia, ni Kosovo–, usualmente han tomado mucho tiempo para lograr negociar una solución entre un grupo armado y el gobierno. De todos modos, nosotros no vemos una opción violenta como fin a la crisis, por ende es posible que el conflicto en Chiapas no se resuelva por mucho tiempo. Esto puede ser peligroso.

Con respecto al segundo tema, el impacto de Chiapas en el sistema político mexicano, creo que una cosa buena que ha salido con este conflicto es que enfocó al pueblo mexicano hacia las condiciones muy malas de los indígenas y sus problemas, y puso en evidencia que se necesita una solución y una preocupación más nacional para tratar a este problema. Un elemento negativo que se desprendió de este conflicto es que muchas personas creen que Chiapas fue causado o fue un resultado de la adopción del llamado modelo económico neoliberal. Yo no lo veo así. Por lo que yo sé, los problemas de Chiapas ya tienen muchos años. La apertura de la economía dañó o empeoró la situación de muchas personas en Chiapas, pero también la política económica de los años cincuenta, por ejemplo, con la creación de latifundios ganaderos, y también la política de reforma agraria, la cual creó un increíble minifundismo, son causas del conflicto. Hay muchas causas y no es solamente el modelo neoliberal el que causa este conflicto. Pero muchas personas creen que es el resultado inevitable del llamado modelo neoliberal. Creo que tener esta percepción es malo para México y para los mexicanos.

Yo sostengo y creo en lo mucho que ha hecho el Tratado de Libre Comercio de Norteamérica (TLCAN) para México y para los Estados Unidos, a pesar de que soy consciente que hay grupos en ambos países que han sufrido como resultado de su implementación. Creo que ésta es la dirección que debe tomar la política en los próximos años, se debe buscar aumentar el beneficio a la gente que no ha podido adaptarse bien al nuevo modelo económico, gente en México y en Estados Unidos.

Otro resultado desafortunado de Chiapas con respecto al sistema político mexicano es que hasta cierto punto paró el progreso hacia una política más democrática y más competitiva en Chiapas. Por ejemplo, después de 1994 el mono-polio del PRI estaba disminuyendo, y el PRD, por ejemplo, ganó más representación en Chiapas en 1997 que cuando los zapatistas decían que los indígenas no debían votar. Esto ayudó a los representantes de los viejos intereses creados por el PRI en Chiapas, y dañó más al PRD. Entonces, desde mi punto de vista, esto fue un acontecimiento bastante desa-fortunado y es una cosa negativa. También con respecto a Chiapas y su impacto sobre el sistema político, mi impresión es que el acuerdo de San Andrés Larráinzar –como nortea-mericana señalo que no soy experta en este acuerdo–, parece una fórmula que tal vez pueda llevar a la fragmentación de México. A mí no me gusta la idea de crear centros autónomos basados en la raza, la sangre o en la lengua, aunque existan gran cantidad de grupos étnicos o religiosos. Es una mala idea dar autonomía. Admito que fui influenciada por nuestra pro-pia experiencia en Estados Unidos con los indígenas y la creación de reservaciones. Éstas han contribuido a la conti-nuación de la pobreza de nuestros indígenas y lo único que me parece que está salvando ahora a nuestros indígenas son los casinos, ya que es la única cosa que les da enormes ganan-cias. Sin embargo, antes de esto, las reservaciones les cau-saron más daño que ayuda a los indígenas.

Muy brevemente voy a mencionar dos cosas sobre el impacto de Chiapas en los Estados Unidos. Lo que ha pasa-do en Chiapas ha fortalecido a los grupos dentro de Estados Unidos que tienen una imagen muy negativa de México, a los que estaban en contra del TLCAN, porque como muchos mexicanos, hay grupos en los Estados Unidos que han vincu-lado a la crisis de Chiapas como un resultado del tratado y del modelo neoliberal. El gobierno de Estados Unidos tam-bién se preocuparía si el gobierno mexicano tiene que poner muchas tropas en el sur del país, en vez de luchar contra las drogas. A la vez, a Washington no le gusta que haya un grupo armado en un país latinoamericano, y especialmente en un país vecino como México. Por otro lado, con el fin de la guerra fría surge la idea ahora de que un conflicto en un país latinoamericano ya no tiene que tener el mismo impacto global, como sucedió durante la guerra fría. Esto implica que es menos probable que los Estados Unidos se involucren en estos conflictos internos, como fue el caso durante la guerra fría.

La crisis de Chiapas vista desde Washington

Arturo Valenzuela

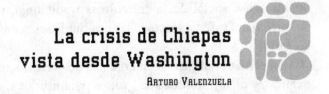

Q UISIERA HACER una reflexión académica sobre el problema de Chiapas a la luz de la teorización sobre los temas de insurrección armada, por un lado, y sobre la autodeterminación de los pueblos, por el otro. Concluiré haciendo una observación sobre la política exterior de los Estados Unidos con relación al tema de Chiapas.

Las características objetivas de la situación social y económica de Chiapas son bien conocidas. Es el estado más pobre de México, con un producto per cápita a la mitad de la media nacional; un crecimiento demográfico que duplica la media nacional; con indicadores de salud y educación muy precarios; lo que produce una situación más parecida a la de los países más pobres de Centroamérica, que al resto de México. Chiapas también es un estado con escisiones sociales muy profundas, donde se cruzan una multiplicidad de etnias y conflictos intercomunales, generacionales y migratorios. El protestantismo evangélico representa casi la mitad de la población en las regiones de Los Altos y la selva, mientras la iglesia católica está fracturada entre un sector progresista y otro tradicional. Las políticas del Estado, como son la construcción de grandes presas hidroeléctricas y los más recientes proyectos de reforma agraria han amenazado a los ejidos y causado dislocaciones, mientras que la expansión de la ganadería y la industria maderera amenazan la organización social de la agricultura tradicional, y la caída del precio del café ha afectado las posibilidades económicas de las familias.

En el nivel político, la emergencia de organizaciones campesinas, y el surgimiento de grupos paramilitares, guerrilleros y el narcotráfico, representan amenazas adicionales, pero la violencia también surge de la inestabilidad de la tenencia de tierra, la falta de claridad de los títulos que conllevan a conflictos en la economía de mini propiedades y, por último, los cacicazgos y las estructuras autoritarias que prevalecen en el nivel local, se confrontan con la lógica política de mayor liberalización y competencia.

A pesar de este cuadro, sería un serio error no reconocer los enormes esfuerzos realizados en los últimos años para mejorar las condiciones de vida. Los esfuerzos surgen tanto por una mayor organización local por parte de comunidades campesinas e indígenas, como por los gobiernos estatales, que han invertido cuantiosas sumas en programas de asistencia y de distribución de tierras. Una de las limitaciones de estos programas son los problemas de corrupción, que han tenido un impacto negativo sobre la situación.

¿Qué nos dice la riquísima literatura académica sobre los fenómenos de guerra interna o de rebelión popular o campesina? El punto más importante es que los fenómenos de rebelión popular no responden directamente a situaciones de pobreza o de injusticia social. Si la pobreza en sí causara los fenómenos de insurrección, la historia estaría repleta de procesos revolucionarios. Incluso, como lo anticiparon los historiadores de la Revolución francesa, como Crane Brinton, por ejemplo, es más probable que prospere la rebelión entre sectores menos indigentes que ven amenazados su forma de vida, sus privilegios y sus intereses económicos que los sectores más pobres. Éstas son las conclusiones a las que también llega Eric Wolf, quien recalca la importancia de los reveses que sufren los campesinos medios y no pobres como factor condicionante, aunque no necesario, de las revoluciones. En los estudios sobre las rebeliones campesinas del siglo XX, por ejemplo, los trabajos más recientes de sofisticados expertos, como por ejemplo Ted Robert Gurr, Jeffrey Paige, Charles Tilly, Alejandro Portes y, especialmente estudiando las guerras civiles de Centroamérica, Timothy Wickham-Crowley, valoran mucho más los factores de organización política e ideológica que los factores societales de fondo, para explicar el surgimiento de procesos revolucionarios.

A la luz de estas observaciones, hay que destacar que el fenómeno zapatista entonces es más bien un fenómeno político-organizativo que encuentra cierta resonancia en Chiapas, resonancia que sin embargo habría podido darse en otras latitudes, por ejemplo en la ciudad de México. Al evaluar la situación de Chiapas, no hay que confundir el fenómeno político con los fenómenos sociales. Como resultado lógico de esta observación, no se puede pensar que el EZLN es el único interlocutor ni el más legítimo de los muchos interlocutores que hay en la sociedad chiapaneca.

El segundo punto que quería mencionar tiene que ver con la percepción externa que tiene el fenómeno de Chiapas. Sería una expresión análoga a los fenómenos de conflicto étnico que se ven en muchas partes del mundo, desde Europa Occidental, como por ejemplo el problema Vasco y la ex Yugoslavia, al problema del conflicto del sur asiático, por ejemplo en Sri Lanka. En Chiapas surge un discurso de reconocimiento de las tradiciones culturales y tradicionales de las comunidades indígenas y una demanda en pro de mayor autodeterminación, invocando derechos reconocidos internacionalmente. Este discurso es cualitativamente distinto al discurso en favor del nacionalismo étnico. Como en otros casos, posiblemente análogos en América Latina, la demanda no es para configurar un Estado-nación que coincide con la etnia de una nación maya, por ejemplo; sino por un pleno reconocimiento de los derechos de los ciudadanos, por lo que se estima como entidad nacional legítima a la nación mexicana. Incluso los zapatistas mismos, que abogan por un nivel de autodeterminación, se consideran primero y primordialmente mexicanos, o sea, aceptan la legitimidad de una nación multiétnica donde la ciudadanía se define no por referentes étnicos sino por el accidente de pertenecer a una comunidad ya preestablecida.

Lo extraordinario de América Latina es que es el único continente del mundo donde no hay demandas irredentistas, definidas como aquel fenómeno donde se recurre a la fuerza de las armas para conformar a un Estado-nación que incluirían sólo al grupo étnico que detentaría la única legitimidad política. México, América Latina y Estados Unidos –pero no Canadá–, son países donde la ciudadanía es definida jurídicamente o por la elección del individuo, como es el caso del inmigrante de cualquier extracción nacional étnica o cultural que pide ciudadanía o por haber nacido en territorio nacional. Chiapas no es –y está muy lejos de ser– Bosnia, o por lo menos no lo es hoy. Es muy importante en la sociedad multiétnica asegurarse que el respeto a la diversidad no conlleve a la fragmentación social o a privilegiar a grupos secundarios de la sociedad por encima de los intereses de la nación. Por ello es importante obrar para que las divergencias semánticas sobre temas de fondo como son la definición de los grupos sociales, no impidan el progreso en favor de la resolución de los conflictos existentes o que impidan también los conflictos mayores en el futuro. Esto requiere de negociaciones e intermediaciones honestas y claras, evitando ambigüedades para ocultar intereses políticos. También requiere liderazgos y un esfuerzo por parte de todos los actores para buscar los consensos que respeten a los intereses nacionales.

¿Por qué América Latina es diferente del resto de los continentes, incluso de Europa? Hay que recordar que el concepto de nación es muy reciente, que data de principios del siglo XIX. Tiene sus raíces en las ideas de la Ilustración, que encuentra una expresión política tanto en la Revolución francesa como en la revolución de las trece colonias norteamericanas. Este concepto, revolucionario en aquella época, sustituye la noción de autodeterminación de los pueblos por la noción de legitimidad monárquica y dinástica, o sea, sustituye la autodeterminación de los pueblos por el Estado, y esto conlleva a la no difícil problemática de definir quién es el pueblo. Las revoluciones de independencia en América coinciden con el surgimiento de este nuevo concepto de legitimidad. Legitimidad propia de repúblicas y no de monarquías, y propia de repúblicas basadas en el concepto de soberanía popular. Sólo América es el continente republicano con la tradición de casi dos siglos. En América se define la legitimidad republicana antes que tener que definir la nación. Y tienen los países del continente nuevo varias generaciones para forjar un concepto de nación que no se basa directamente en la identidad étnica. La diferencia con Europa es notable. Países tan importantes como Alemania e Italia sólo cristalizan como naciones en el siglo XX y sólo hasta la primera década de este siglo que en la mayoría de los países europeos, los parlamentos por fin se imponen sobre las autoridades monárquicas. En estos contextos la nacionalidad definida por la identidad étnica conserva una fuerza importante, como se ve, por ejemplo, en los dilemas que ha tenido Alemania hoy día para tratar de definir lo que es la ciudadanía, por los problemas causados por la migración.

Como conclusión, es preciso realizar una observación en relación con la posición oficial de Estados Unidos sobre Chiapas. Esta posición difiere radicalmente de la que presenta Stephen David en el último número de la prestigiosa revista *Foreign Affairs*. David dice que Estados Unidos se tiene que preparar ahora para combatir la amenaza a sus intereses vitales que podrían resultar de guerras civiles en Rusia, Arabia Saudita y México. En su ensayo presenta un cuadro de un México al borde del abismo, de la insurrección interna, o de la guerra civil. Esto está muy lejos de concordar, como digo, con la visión oficial.

Hay preocupación, sin duda, en las esferas oficiales de Estados Unidos sobre temas tan fundamentales como el fortalecimiento del estado de derecho en México y por el impacto del narcotráfico sobre las instituciones políticas, policiales y judiciales del país. Pero Chiapas no se interpreta como un conflicto que amenaza la estabilidad del país. Desde 1994 Estados Unidos ha visto el tema de Chiapas con cierta preocupación y ha apoyado en todos los momentos los esfuerzos por llegar a una solución pacífica, velando por el respeto pleno de los derechos humanos. Estados Unidos, sin embargo, considera la problemática de Chiapas como un asunto enteramente interno de México, asunto que no le atañe a Estados Unidos y que, por ende, no conforma un elemento esencial de la relación bilateral.

Tampoco se ve al conflicto de Chiapas como un conflicto análogo a otros casos de insurrección armada, contrainsurgencia y guerra civil, como en Guatemala, El Salvador y Colombia. Es por ello que, a mi juicio, en el caso de Chiapas, no corresponde establecer mecanismos de negociación como los que se han establecido por la comunidad internacional en los casos ya mencionados. Podrán haber, y ciertamente los hay, elementos importantes de aquellas negociaciones que podrían ser de utilidad en la resolución de los problemas internos de México, pero hay diferencias demasiado claras y sustanciales como para establecer paralelos demasiado rígidos con aquellos casos.

Debate

JOSEPH TULCHIN: La pregunta general para Arturo Valenzuela, Susan Kaufman o Rodolfo Stavenhagen es: ¿tienen realmente un impacto las ONG de derechos humanos?

ARTURO VALENZUELA: Sin duda que las ONG sobre derechos humanos tienen un peso muy importante en las relaciones internacionales en el mundo contemporáneo. No se entendería, por ejemplo, la situación que tiene el general Augusto Pinochet Ugarte, en su estadía en Londres hoy día, si no fuera por la acción de la comunidad de derechos humanos. La evolución de las ONG en derechos humanos también va en conformidad con una evolución también importante de lo que es el derecho humanitario internacional que surge desde Nuremberg y de todos los convenios internacionales sobre estos temas. Ya ningún país del mundo puede marginarse de las opiniones de la comunidad internacional en temas de derechos humanitarios.

EMILIO RABASA: Es evidente que en el caso del conflicto de Chiapas las ONG de derechos humanos, tanto mexicanas como internacionales, han desempeñado y siguen desempeñando un papel fundamental, y creo que su presencia en la zona de conflicto, desde los primeros días contribuyó como una fuerza de la sociedad civil muy grande para obligar al gobierno a cambiar de política y declarar el cese al fuego unilateral. Pero también las ONG influyeron para convencer al EZLN de que había una vía alternativa para buscar la solución a los conflictos. Desde entonces, las ONG de derechos humanos han estado activas en la zona, viendo y analizando la situación, denunciando abusos de derechos humanos y muchas veces con su presencia y actividad, se previenen abusos mayores que pudieran suceder. Por ello su papel ha sido fundamental.

Ronda de preguntas y respuestas por Emilio Rabasa

Hay varias preguntas referentes al papel del ejército en Chiapas o la presencia militar en Las Cañadas a través de retenes militares, y una sobre lo que se denomina la militarización del país. Estas cuestiones están todas vinculadas al tema del ejército y la presencia militar. También hay una serie de preguntas de tipo político. Voy a clasificar el conjunto de preguntas y trataré de dar una respuesta genérica a los dos temas principales: el militar y el político.

En relación con la presencia militar asociada con la idea de que si es verdad de que no hay guerra en Chiapas, ¿cómo se justifica la presencia militar en Las Cañadas? Aprovecho la pregunta para extender algunos comentarios sobre lo referido por Rodolfo Stavenhagen, de quien difiero en algunas de sus apreciaciones en relación con su afirmación de que existe una guerra.

Bajo ninguno de los criterios establecidos, tanto en la práctica de las relaciones internacionales y el derecho consuetudinario internacional, como en el protocolo 2 de la Convención de Ginebra, donde se señalan las condiciones que tienen que cumplir las fuerzas beligerantes para ser tales, no existe un estado de guerra en Chiapas. No existe una concentración de fuerzas que se encuentre desplegada, dividiéndose el territorio nacional, no hay el uso persistente de un arma franca. La ley de 1995 no reconoce la calidad de "beligerantes", en el artículo 1o. reconoce la calidad de "grupo inconforme"; pero no utiliza la palabra beligerante. Ésta es una categoría que no ha tenido reconocimiento en ningún instrumento legal en lo que se refiere al conflicto en Chiapas, y en particular al aplicado al EZLN. Lo que es cierto –y dejando a salvo toda comparación con otros conflictos como los de Guatemala y El Salvador–, es que en Chiapas se le da un reconocimiento legal al EZLN desde prácticamente el inicio del conflicto, con la ley para el diálogo del 15 de marzo de 1995. Se reconoce la calidad de un grupo de mexicanos mayoritariamente indígenas inconformes, así dice la ley, no el reconocimiento de grupo beligerante. Así, el EZLN tiene un reconocimiento legal que no se dio en otros países a los grupos guerrilleros, sino hasta el momento en que prácticamente se firmaron y suscribieron los acuerdos de paz. Por lo anterior, bajo ningún criterio se puede estimar que existe un estado de guerra en Chiapas, aún menos de guerra de exterminio o de baja intensidad. Sí, hay un conflicto político agudo con una profunda raíz social, con un margen enorme de rezago social, de marginación, de pobreza, con brotes de violencia como los que se dan en los primeros días de la insurrección, como los que se dan previos a los hechos de Acteal el 22 de diciembre de 1997, como los que se dieron en El Bosque a inicios de 1998, pero no se da una permanente hostilidad beligerante entre las partes con el uso permanente de las armas, ni hay una recurrente existencia de víctimas de guerra.

La estrategia que ha seguido el gobierno ha sido una estrategia de paz, tan ha sido una estrategia de paz que decreta el cese unilateral de las hostilidades a los doce días de comenzado el conflicto, no obstante que el EZLN le declaró la guerra exigiendo la deposición del presidente y la rendición incondicional del ejército, amenazando con avanzar hacia la capital del país. No obstante ello, el gobierno decretó unilateralmente el cese del fuego y después institucionaliza la vía del diálogo y de la negociación por medio de una iniciativa que, en consenso con el Poder Legislativo, aprueban todos los partidos políticos en marzo de 1995. El gobierno ha mantenido invariable esta posición política hasta la fecha. Por lo anterior, no se puede sostener que el gobierno carece de una estrategia de paz efectiva. La presencia militar en Chiapas no solamente obedece al conflicto que se tiene con el EZLN y a la permanencia de esa declaratoria de guerra, sino a una serie de factores que de todas maneras harían necesario el despliegue militar, aun cuando no existiera este conflicto, como son el cuidado de una larga y desprotegida frontera con un país vecino, que es un país amigo y con el que últimamente no se ha tenido ningún conflicto. Sin embargo, por la extensión de la frontera, ésta ha sido una vía de tránsito de armas y de tráfico de drogas que se necesita cuidar. También la presencia del ejército se requiere para proteger instalaciones estratégicas de extracción de petróleo y uranio. Por ello la presencia de las fuerzas armadas no obedece a una sola causa, y no sólo es por la presencia del EZLN. Su papel es de una fuerza de contención, no de represión, y no está en Chiapas exclusivamente por el EZLN. El gasto militar que se tiene en el país es muy inferior comparativamente hablando con el de los socios comerciales de México en proporción de su producto interno bruto, o con el de otros países sudamericanos, en donde en promedio se tiene un gasto de 1.9 a 2 por ciento del producto interno bruto, mientras que en México, esto está documentado por el Instituto de Estudios Estratégicos, con sede en Londres, apenas llega al 1 por ciento del PIB. De tal manera que no se puede decir que el país se encuentre militarizado, incluso en su conjunto.

Las otras preguntas no relacionadas con el ejército se refieren a cuestiones de tipo político, como por ejemplo, si se considera que el titular de la Secretaría de Gobernación sea capaz de dar solución efectiva al conflicto en Chiapas, sobre todo como posible candidato del PRI a la Presidencia de la República. Sobre esto es preciso tener en cuenta que la negativa del EZLN a retomar la mesa de las negociaciones y del diálogo, es decir, la suspensión que hizo del diálogo, fue incluso anterior a la presencia del actual titular de la Secretaría de Gobernación en esta cartera, por lo cual no parece ser un factor político vinculante o decisivo. Por lo demás, también hay que recordar que el actual secretario de Gobernación presentó a través de la COCOPA, en La Realidad, su entera disposición para participar en el diálogo directo con el EZLN.

Dice otra pregunta, ¿parece ser muy estrecho el plazo que tiene el gobierno para reencauzar la negociación y objetivamente hablando parecen ser mínimas las posibilidades de que se reestablezca? Depende cuál es el criterio o regla de medición que se tuviera para considerar que el plazo es estrecho o largo. El gobierno no está midiendo la solución del conflicto y sus iniciativas para retomar el diálogo en función de las circunstancias políticas del momento, porque esto sería tanto como diferir la solución del conflicto hasta una situación hipotéticamente ideal que jamás va a acontecer, porque siempre estará inmerso el conflicto en un contexto político en donde se están dando otro tipo de problemas o procesos electorales en marcha de tipo local o de tipo federal. Hay que recordar que el conflicto ya estuvo vigente desde la elección de 1994 y en 1997. Por lo tanto, se puede afirmar que no es el propósito del gobierno diferir la solución del conflicto hasta encontrar un tiempo ideal mejor.

Pregunta: ¿Si el proceso se acerca demasiado al año 2000, no se contaminaría demasiado con el proceso electoral? Si se dejan a un lado las especulaciones sobre un acontecimiento futuro, hay dos experiencias que ya se dieron: la elección de 1994 y la elección federal de 1997. Cuando se realizaron ambos procesos electorales ya se había dado el levantamiento armado del EZLN. Obviamente el tema de Chiapas no fue ajeno a las campañas de los partidos políticos, pero si por contaminación se entiende una situación que puede tornar inviable el proceso electoral, o que podría afectarlo de tal manera que pudiera resultar contraproducente al proceso democrático electoral, no creo que sea un escenario cercano, y que tal contaminación pudiera darse.

Por último, una pregunta señala, ¿podría abundar un poco más en lo que he dicho en los últimos días sobre un nuevo formato de diálogo y una nueva instancia de mediación, cuando todavía hay una instancia, la COCOPA, que podría emplearse para reestablecer este diálogo? La COCOPA por ley es una instancia que se califica como de coadyuvancia, de facilitación del diálogo, de acercamiento de las partes, ése es su papel fundamental. Sin la COCOPA muchas de las cosas en las que se han dado entendimientos entre las partes no se hubieran logrado. La COCOPA ha jugado un papel decisivo, y no ha tenido ninguna reticencia en estar presente en La Realidad, o en San Cristóbal de las Casas buscando el encuentro con el EZLN. Sin embargo, la COCOPA es sólo una instancia mediadora. La ley para el diálogo establece un criterio distinto de mediación en el propio ordenamiento del de la COCOPA. En diversos artículos se señala que debe existir una instancia de intermediación, reconocida por las partes, y que se pueda coordinar con la COCOPA. Luego entonces el propio instrumento legal que regula el conflicto distingue entre lo que es la función de la COCOPA y la función de intermediación. Lo que he dicho es que el gobierno mexicano está abierto y dispuesto a dialogar con el EZLN, si éste estima necesario contar con una instancia de intermediación, que para tales efectos tendría que ser una instancia nacional. En cuanto al formato del diálogo, lo que se propone es retomar el espíritu de los Acuerdos de San Miguel, que suscribimos entre las partes para que el diálogo sea continuo, sin interrupción, sea un diálogo menos protagónico y más efectivo, menos de reflectores y más de resultados. Son criterios generales que se están elaborando sobre un nuevo formato del diálogo, pero que desde luego se tendrían que discutir con la contraparte, el EZLN, para llegar a un acuerdo.

JOSEPH TULCHIN: El debate sobre la crisis de Chiapas deja claro, como dice Arturo Valenzuela, que México y en particular Chiapas no es Bosnia, gracias a Dios diría yo. Pero estudiando otros procesos de paz, hay algunos puntos muy interesantes que pueden ayudar a entender la problemática de Chiapas. En primer lugar, queda claro que sin voluntad política no habrá paz. Para México éste es el punto clave que hace falta estudiarlo bien. Algunos analistas sostienen que no hay voluntad, el gobierno dice que sí hay. Lo que se observa son grandes debates sobre ello. Para los que dicen que no la hay, hay que preguntarles por qué y cómo se puede crear, porque sin esa voluntad no hay seriamente un proceso de paz. El otro punto clave es la pregunta sobre el papel de las ONG en los años noventa ante conflictos como el de Chiapas, porque conduce a una reflexión muy seria sobre la influencia del factor externo. Susan Kaufman Purcell mencionó que Wall Street no presta mucha atención al caso de Chiapas, diciendo que este no es causa de preocupación. Rodolfo Stavenhagen sugiere que a lo mejor con un poco más de preocupación de Wall Street se podrían resolver algunas cosas. Yo quiero subrayar que hoy día es difícil negar para los mexicanos, tanto del gobierno como de la oposición, el papel de los grupos internacionales en este conflicto. Es cierto que Wall Street puede influir en la tasa de interés, y sería una intervención pacífica, pero existe una comunidad internacional nueva, como dijo Arturo Valenzuela refiriéndose al caso Pinochet. En algunos casos específicos, ante problemas de derechos humanos y conflictos sociales, no es que la gente va intervenir en un asunto interno mexicano, es que hoy hay circunstancias nacionales e internacionales por las cuáles la comunidad internacional tiene mayor influencia en lo que son asuntos domésticos en muchos países que hace cinco años. Finalmente, un aspecto que se ha analizado indirectamente es el vínculo o los vínculos entre lo local en el caso de Chiapas y lo nacional. Durante todo el debate se habló de la política nacional por un lado, y sobre Chiapas se mencionaron los problemas estructurales locales. Pero es claro que estos problemas estructurales no se restringen a Chiapas, son los mismos problemas históricos y culturales que padecen otros hombres en otras partes de México. Y la política de que se habla, la solución política, es una solución que se tiene que pensar para todo el país. Hay que estudiar más el efecto de lo nacional en lo local, para realmente lograr una mayor voluntad para solucionar un conflicto que sigue costando sangre y problemas a este país.

Los autores y participantes en el seminario

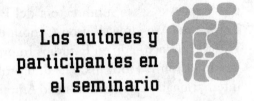

MIGUEL ÁLVAREZ GÁNDARA. Fue secretario ejecutivo de la Comisión Nacional de Intermediación (CONAI) entre 1994 y 1998. Licenciado en Comunicación por la Universidad Iberoamericana y maestro en Ciencias Políticas por la UNAM. Asesor de la Diócesis de San Cristóbal de las Casas y secretario de monseñor Samuel Ruiz García. Ha sido miembro de diversos movimientos civiles y eclesiales, así como de organizaciones no gubernamentales relacionadas con la promoción popular.

ALÁN ARIAS MARÍN. Subcoordinador para el diálogo y la negociación en Chiapas, de la Secretaría de Gobernación. Profesor de la Facultad de Ciencias Políticas y Sociales de la UNAM. Tiene estudios de licenciatura en Filosofía por la UNAM y de posgrado en Ciencias Políticas por la New School for Social Research de Nueva York. Ha sido asesor de IMEVISION y del Instituto Nacional de Administración Pública. Fue agregado cultural de la embajada de México en Colombia. También ha sido articulista de los periódicos *El Economista*, entre 1994 y 1996, y *El Financiero*, de 1996 a 1997. Entre sus artículos destacan "Tesis sobre el conflicto político-militar en Chiapas", "La evolución del sistema político mexicano" y "Protesta estudiantil y legitimación estatal".

Cynthia Arnson. Subdirectora del Programa de América Latina, del Woodrow Wilson Center, en Washington, D.C. Estudió el doctorado en Estudios Internacionales en la Universidad Johns Hopkins. Ha sido profesora de relaciones internacionales en la Universidad Americana de Washington. Colaboró como asesora del Congreso durante las administraciones de James Carter y Ronald Reagan. También fue directora asociada de Human Rights Watch/Americas. Autora del libro *Crossroads. Congress, The President, and Central America 1976-1993* (University Park, PA, Pennsylvania State University Press,1993); editora del libro *Comparative Peace Processes in Latin America* (Wilson Center Press y Stanford University, 1999). Actualmente desarrolla el proyecto de investigación "Procesos de Paz Comparados en América Latina".

Raúl Benítez Manaut. Investigador del Centro de Investigaciones Interdisciplinarias en Ciencias y Humanidades de la UNAM. Profesor de asignatura del Departamento de Estudios Internacionales del ITAM, y miembro del programa "Peace & Security in the Americas", perteneciente al Latin American Program del Woodrow Wilson Center. Tiene estudios de Sociología en la UNAM, maestría en Economía y Política Internacional en el CIDE y doctorado en Estudios Latinoamericanos en la UNAM. Ha desarrollado investigaciones sobre la guerra civil en El Salvador y los procesos de negociación y paz en Centroamérica, y sobre política exterior, seguridad nacional y fuerzas armadas en México. Entre sus publicaciones se encuentran *La teoría militar y la guerra civil en El Salvador* (1989) y *La paz en Centroamérica: expediente de documentos fundamentales* (1990).

MARCO ANTONIO BERNAL. Es Senador por el estado de Tamaulipas por el Partido Revolucionario Institucional (PRI) de 1997 a la fecha. Tiene estudios de licenciatura en Psicología y maestría en Ciencias Políticas. Profesor de tiempo completo de la Universidad Pedagógica Nacional (1979-1980). Articulista de los diarios *Excélsior*, *El Universal*, *El Financiero* y *La Jornada*, entre 1988 y 1992. Fue coordinador de la Delegación Gubernamental para el Diálogo de Paz Digna en Chiapas, entre el 17 de abril de 1995 y el 31 de marzo de 1997, periodo durante el cual se firmaron los Acuerdos de San Andrés Larráinzar. Ha sido coordinador de Estudios Políticos del Consejo Ejecutivo Nacional (CEN) del PRI; Subsecretario de Acción Electoral del CEN del PRI; y Secretario del Programa de Acción y Gestión Social del CEN del PRI. Entre los cargos públicos que ha desempeñado están los siguientes: oficial mayor de la Secretaría de Desarrollo Urbano y Ecología (1988-1992); presidente del Instituto Nacional de Solidaridad (1992-1993); y director general del Comité Administrador del Programa Federal de Construcción de Escuelas (CAPFCE), entre 1994-1997. Entre sus publicaciones se encuentran *Chiapas: Crónica de una negociación* (1999).

MANUEL CAMACHO SOLÍS. Secretario general del Partido del Centro Democrático. Fue comisionado para la paz y la reconciliación en Chiapas, entre el 10 de enero y el 16 de junio de 1994. Es licenciado en Economía por la UNAM y maestro en Políticas Públicas por la Universidad de Princeton. Fue profesor e investigador de El Colegio de México, y ha desempeñado gran cantidad de responsabilidades en el gobierno, entre ellas, fue secretario de Desarrollo Urbano y Ecología de 1986 a 1988 y jefe del Departamento del Distrito Federal de 1988 a 1993. Entre sus publicaciones destacan *México y Argentina visto por sus jóvenes* (Siglo XXI), es coautor del libro *La clase obrera en la historia de México* (Siglo XXI), y *Cambio sin ruptura* (Alianza Editorial). Es también articulista del diario *Reforma*.

DANIEL GARCÍA-PEÑA. Investigador visitante del Woodrow Wilson Center de la ciudad de Washington. Fue Alto Comisionado para la Paz, representante del gobierno en las negociaciones con la guerrilla durante el gobierno de Ernesto Samper de 1995 a 1998. Asesor del M-19 durante el proceso de la Asamblea Nacional Constituyente (1990-1991), director del Departamento de Historia de la Universidad de los Andes y de la Universidad Nacional de Colombia.

LUIS GARFIAS MAGAÑA. General de división retirado. Coordinador de la Comisión Especial de Estudio para las Fuerzas Armadas del Partido de la Revolución Democrática. Tiene estudios en el Heroico Colegio Militar y en la Escuela Superior de Guerra, además realizó el curso de mando y estado mayor en Fort Levenworth, Kansas. Agregado militar adjunto de la embajada de México en Estados Unidos, miembro de la Junta Interamericana de Defensa, diputado federal en la LVI Legislatura y presidente de la Comisión de Defensa Nacional. Fue embajador de México en Paraguay. Entre sus publicaciones destacan *La Revolución mexicana*, y *Breve historia militar de la Revolución mexicana*, y es coautor de *El Ejército Mexicano*, publicados por la Secretaría de la Defensa Nacional.

MAGDALENA GÓMEZ. Es directora general de Equidad y Desarrollo Social, del Gobierno de la Ciudad de México. Tiene estudios de licenciatura en Derecho. Rectora de la Universidad Pedagógica Nacional (1993). Directora de Procuración de Justicia del Instituto Nacional Indigenista (INI) (1994-1998). Es autora del libro *Derechos indígenas. Lectura comentada del Convenio 169 de la Organización Internacional del Trabajo* (INI, México, 1991). Es coautora de los siguientes libros: *Entre la ley y la costumbre* (Instituto Indigenista Interamericano, México, 1989); *Antología de la situación jurídica del indígena* (INI, México, 1989); y *Derecho indígena* (INI, México, 1997). Es también miembro de la Academia Mexicana de Derechos Humanos.

NEIL HARVEY. Profesor de Gobierno y Estudios Latinoamericanos en la Universidad Estatal de Nuevo México, Las Cruces. Es autor de ensayos y artículos sobre movimientos sociales, etnicidad y democracia en México. Autor del libro *The Chiapas Rebellion: The Struggle for Land and Democracy* (Duke University Press, 1998).

LUIS HERNÁNDEZ NAVARRO. Secretario técnico de la Comisión de Seguimiento y Verificación de los Acuerdos de Paz de Chiapas. Coordinador editorial de *La Jornada*. Asesor de la Coordinadora Nacional de Organizaciones Cafetaleras (CNOC) e investigador del Centro de Estudios para el Cambio en el Campo Mexicano (CECCM). Autor de los libros: *Los Acuerdos de San Andrés* (México, 1997), *Chiapas: la guerra y la paz* (México, 1995), y *Chiapas. La nueva lucha india* (Madrid, 1998). Coeditor del libro: *Autonomía y nuevos sujetos sociales del desarrollo rural* (México, 1997) y coautor del libro *Acuerdos de San Andrés* (México, 1999).

GUSTAVO HIRALES. Actualmente es asesor de la Presidencia de la República. Fue asesor de la delegación gubernamental en las pláticas de paz en Chiapas de 1995 a 1997. Ha sido funcionario gubernamental en la Secretaría de Desarrollo

Social y de Gobernación y en la Procuraduría General de la República. Colaborador del diario *Unomásuno*, y autor de los siguientes libros: *La Liga 23 de Septiembre. Orígenes y naufragio, Memoria de la guerra de los justos, El complot de Aburto, Chiapas: otra mirada*, y *Camino a Acteal*. Colaborador de la revista *Nexos*.

GONZALO ITUARTE. Vicario de Justicia y Paz de la Diócesis de San Cristóbal de las Casas y ex secretario de la CONAI.

SUSAN KAUFMAN PURCELL. Vicepresidenta de la Sociedad Americana y el Consejo de las Américas en Nueva York. Tiene un doctorado en la Universidad de Columbia. Colaboró en el Departamento de Estado, en la oficina de planificación de política hacia América Latina y el Caribe. Ha sido profesora de la Universidad de California en Los Angeles. Pertenece al Consejo de la Fundación Nacional Para la Democracia. Entre sus publicaciones destacan las siguientes: coeditora y coautora de *Mexico Under Zedillo* (1998), *Brazil Under Cardoso* (1997), *Europe and Latin America in the World Economy* (1995), *Japan and Latin America in the New Global Order* (1992), y coautora de *Latin America: U.S. Policy After the Cold War* (1991).

ESTHER KRAVZOV. Investigadora del Centro de Investigaciones Interdisciplinarias en Ciencias y Humanidades de la UNAM. Licenciada en Sociología y maestra en Sociología Política por la Universidad de Oxford. Autora del libro: *La guerra de año nuevo* (Praxis, México, 1994).

ALEJANDRA MORENO TOSCANO. Profesora de la Universidad Iberoamericana, se dedica a la preservación de archivos de películas filmadas durante la Revolución mexicana de la Fundación Carmen Toscano. Doctora en Historia. Fue profesora investigadora de El Colegio de México, la Universidad Nacional Autónoma de México y el Instituto Nacional de Antropología e Historia. Como funcionaria pública fue directora del Archivo General de la Nación y secretaria de Desarrollo Social del Departamento del Distrito Federal entre 1989 y 1993. Entre enero y agosto de 1994 formó parte del equipo de trabajo del comisionado para la paz en Chiapas, Manuel Camacho.

ADOLFO ORIVE. Ingeniero civil. Tiene estudios de posgrado en la Universidad de París y en Cambridge, Inglaterra. Coordinador de asesores del secretario de Gobernación. Ha sido asesor de la Presidencia de la República, del Partido Revolucionario Institucional (PRI), y del Programa Nacional de Solidaridad. También ha desarrollado asesorías a organizaciones de productores rurales. Ha sido profesor de las Facultades de Ingeniería, Economía y Ciencias Políticas y Sociales de la UNAM, y del Instituto Politécnico Nacional.

BLANCHE PIETRICH. Periodista del diario *La Jornada*. Licenciada en Periodismo en la Escuela Carlos Septiem García, posgrado en Periodismo Internacional en la Universidad del Sur de California. Ha recibido los premios de periodismo Manuel Buendía (1988), y el Premio Nacional de Periodismo (1994). Autora del libro: *El Salvador: Testigos de la guerra*.

ROGER PLANT. Maestro en Filosofía e Historia en la Universidad de Oxford. Ha sido profesor de las Universidades de Columbia, Nueva York, Notre Dame, Indiana y Londres. Ha sido funcionario de la Organización Internacional de Trabajo y de la Organización de las Naciones Unidas. Desde 1981 participó en la preparación y redacción del Convenio

169 de la OIT sobre los Derechos de los Pueblos Indígenas y Tribales. Entre 1995 y 1997 ocupó los cargos de Asesor de Asuntos Indígenas y Jefe del Area Socioeconómica de la Misión de las Naciones Unidas en Guatemala (MINUGUA). Actualmente es consultor del Banco Interamericano de Desarrollo, participó en la redacción del informe *Pobreza y Desarrollo Indígena: Algunas Reflexiones* (1999). Entre sus principales publicaciones están: *Guatemala: Desastre no natural* (Latin America Bureau, Londres, 1978), *Azúcar y esclavitud moderna* (Zed Books, Londres, 1987), *Normas de trabajo y ajuste estructural* (ILO Publications, Ginebra, 1994) y *Derechos a la tierra y derechos humanos* (Universidad de Manchester, 1999).

EMILIO RABASA. Coordinador para el Diálogo y la Negociación en Chiapas. Licenciado en Derecho por la UNAM y maestro en Filosofía por la Universidad de Cambridge. Ha sido profesor de la UNAM, la Universidad Autónoma Metropolitana y el Instituto Tecnológico Autónomo de México (ITAM). Conferencista en universidades de Estados Unidos, Chile e Inglaterra. Como funcionario público ha sido secretario general del Instituto Mexicano del Seguro Social (IMSS), y en la Secretaría de Gobernación ha sido subsecretario de Protección Civil, Prevención y Readaptación Social. También fue secretario técnico de la Comisión Federal Electoral. Entre sus publicaciones sobresalen *Vigencia y efectividad de los derechos humanos en México* (México, UNAM) y *De súbditos a ciudadanos. Sentido y razón de la participación política* (México, Porrúa).

ADELFO REGINO. Coordinador general de Servicios del Pueblo Mixe, miembro titular de la Comisión de Seguimiento y Verificación de los Acuerdos de San Andrés Larráinzar, editorialista del semanario *La Hora* y del diario *La Jornada*.

Originario de la comunidad Mixe de Alotepec, Oaxaca, tiene formación profesional de Antropología y Derecho; trabaja desde hace varios años en tareas relacionadas con la reconstrucción del pueblo Mixe, en especial en el ámbito jurídico, también ha sido asesor del Ejército Zapatista de Liberación Nacional.

RAFAEL REYGADAS. Profesor-investigador de la Universidad Autónoma Metropolitana, Plantel Xochimilco; secretario ejecutivo de Servicio, Desarrollo y Paz A.C. de 1989 a 1994; miembro de la Comisión de Seguimiento y Verificación para la Paz Digna en Chiapas de 1996 a la fecha; miembro del Consejo Nacional para la Alianza Cívica y fundador de la Coordinación Colectiva del Espacio Civil por la Paz. Licenciado en Filosofía, maestro en Educación y doctor en Historia. Es autor de libros y artículos sobre educación y acción popular. Entre sus últimas publicaciones sobresalen: *El espacio civil por la paz*, *Los afectados y desplazados por el conflicto militar en Chiapas*, y *La paz como sueño activo por una patria distinta*.

MARIO RODRÍGUEZ MONTERO. Director de Desarrollo Internacional de Empresas La Moderna, pertenecientes al Grupo Pulsar. Licenciado en Economía por el Instituto Tecnológico Autónomo de México y maestro en Estudios Latinoamericanos por la Universidad de Texas, en Austin. Diplomado en política comercial en el GATT. Ha sido funcionario público en responsabilidades relacionadas con comercio exterior en la Secretaría de Hacienda y Crédito Público, la Secretaría de Comercio y la Embajada de México en Estados Unidos. Ha sido profesor de la Universidad Anáhuac, y de la Escuela de Servicio Exterior de la Universidad de Georgetown, en Washington.

José Roldán Xopa. Profesor del Departamento de Derecho del Instituto Tecnológico Autónomo de México. Licenciado en Derecho por la Universidad Autónoma de Puebla, maestro en Derecho Económico por la Universidad Autónoma Metropolitana-Xochimilco y candidato a doctor en Derecho por la UNAM. Ha sido profesor en la Facultad de Derecho de la Universidad Autónoma de Puebla y en la Escuela Libre de Derecho, así como en las Divisiones de Estudios de Postgrado de las Universidades Autónoma de Querétaro y Autónoma "Benito Juárez" de Oaxaca. Ha escrito diversos artículos en las materias de derecho administrativo, derecho constitucional y derecho económico, tanto en revistas especializadas como en libros colectivos y en coautoría, el último de los cuáles es *Derechos y cultura indígena. Los dilemas del debate jurídico* (Miguel Angel Porrúa), colaborador de la revista *Lex*.

Manuel Salazar Tetzagüic. Consultor de la UNESCO en educación para los pueblos indígenas en Centroamérica. De origen maya kaqchikel, es maestro de educación primaria con especialidad en educación bilingüe intercultural, licenciado en Letras y Filosofía, y maestro en Administración Educativa. Ha desarrollado investigaciones en Filosofía y Cultura Maya y también es músico de profesión especializado en marimba guatemalteca. Fue viceministro de Educación de Guatemala y ex decano de la Facultad de Humanidades de la Universidad Rafael Landívar. Fue asesor de la Comisión Gubernamental de Paz en la Negociación del Acuerdo sobre Identidad y Derechos de los Pueblos Indígenas en 1994-1995. Entre sus publicaciones se encuentran: *Características de la literatura maya kaqchikel* (1995); *Valores de la filosofía maya* en coautoría con Vicenta Telón,

(UNESCO, 1998); *Bajo el cielo de Comalapa* (1974), y *Guatemaya: fantasía indígena* (1996).

RODOLFO STAVENHAGEN. Investigador de El Colegio de México. Etnólogo en la Escuela Nacional de Antropología e Historia de México; maestro por la Universidad de Chicago, y doctor en sociología en la Universidad de París. Ha sido profesor visitante de las universidades de Stanford, Rutgers y California en Estados Unidos, así como en las universidades de Ginebra, París, Católica de Lovaina (Bélgica), Católica de Río de Janeiro (Brasil) y Sevilla (España); y conferencista en numerosas universidades en América, África, Asia y Europa. Entre los cargos internacionales que ha desempeñado están: subdirector general de la UNESCO; investigador del Instituto Internacional de Estudios Sociales de la OIT en Ginebra, Suiza; secretario general del Centro Latinoamericano de Investigaciones en Ciencias Sociales en Río de Janeiro, Brasil; presidente de la Facultad Latinoamericana de Ciencias Sociales, y del Consejo Directivo del Fondo Latinoamericano para el Desarrollo de los Pueblos Indígenas de América Latina y el Caribe. Actualmente es miembro de la Comisión Internacional para la Educación en el siglo XXI de la UNESCO, y vicepresidente del Instituto Interamericano de Derechos Humanos. También es miembro del Consejo de la Comisión Nacional de Derechos Humanos, y en este momento es coordinador en turno de la Comisión de Seguimiento y Verificación de los Acuerdos de San Andrés Larráinzar. En 1997 el gobierno de México le otorgó el Premio Nacional de Ciencias y Artes en la sección de Historia, Ciencias Sociales y Filosofía. Entre sus últimos libros se cuentan: *Ethnic Conflict and the Nation State* (1996); *The Ethnic Question* (*Conflicts, Development and Human Rights*)

(1990); *Entre la ley y la costumbre, el derecho consuetudinario indígena en América Latina* (1990), y *Derecho indígena y derechos humanos en América Latina* (1988).

EDELBERTO TORRES-RIVAS. Consultor del Programa de las Naciones Unidas para el Desarrollo en Guatemala. Miembro de la Comisión de Esclarecimiento Histórico de Guatemala. Sociólogo y cientista político, ha sido profesor de las universidades de Costa Rica, Rafael Landívar, San Carlos, de Chile, Nacional Autónoma de México (UNAM), Brasilia, Texas, en Austin, Complutense de Madrid, entre otras. Secretario general de la Facultad Latinoamericana de Ciencias Sociales (FLACSO). Entre sus publicaciones están: *Interpretación del desarrollo social centroamericano* (1969); *Centroamérica hoy* (1975); *Crisis del poder en Centroamérica* (1981); *Centroamérica: la democracia posible* (1987), y *América Central hacia el 2000* (1989).

JOSEPH TULCHIN. Director del Programa de América Latina del Woodrow Wilson Center, en Washington, D.C. Fue profesor de historia y director de programas internacionales en la Universidad de Carolina del Norte, Chapel Hill. Igualmente ha impartido cátedras en las universidaddes de Yale, Georgetown, Johns Hopkins, Buenos Aires, asi como en El Colegio de México, la Facultad Latinoamericana de Ciencias Sociales y la Fundación Ortega y Gasset. Ha sido editor de la revista *Latin American Research Review* y autor de numerosos libros, entre ellos: *Latin American Nations in World Politics, Argentina and the United States: A Conflicted Relationship* y *Argentina. The Challenges of Modernization*. Actualmente realiza investigaciones sobre la transición a la democracia en América Latina y los nuevos problemas de seguridad, y dirige el proyecto de investigación "Paz y Seguridad en Las Américas".

ARTURO VALENZUELA. Es profesor de Gobierno y director del Centro de Estudios Latinoamericanos de la Universidad de Georgetown, Washington. Especialista en temas relacionados con transiciones a la democracia y gobernabilidad. Fue subsecretario de Estado para Asuntos Interamericanos durante la primera administración de gobierno del presidente William Clinton. Entre sus responsabilidades estuvieron la formulación e implementación de políticas hacia México. Ha publicado numerosos libros y ensayos sobre gobiernos militares y transición a la democracia en América Latina. Entre ellos destacan: *Chile: Politics and Society* (1976); *Military Rule in Chile: Dictatorship and Opposition* (1986); *The Failure of Presidential Democracy* (1994) y *Politics, Society and Democracy. Latin america* (1996).

JAN DE VOS. Investigador del Centro de Investigaciones y Estudios Superiores en Antropología Social (CIESAS). Doctor en Historia por la Universidad Católica de Lovaina, Bélgica. Miembro de la Academia Mexicana de Ciencias y del Sistema Nacional de Investigadores. Vivió en Chiapas por más de 20 años. Entre sus publicaciones se encuentran: *La paz de dios y del rey* (1980); *La batalla del Sumidero* (1985); *Oro verde* (1988); *Viajes al desierto de la Soledad* (1988); *Los enredos de Remesal* (1992); *Las fronteras de la frontera sur* (1992); *El sentimiento chiapaneco* (1993) y *Vivir en la frontera: la experiencia de los indios de Chiapas* (1994).

Siglas y abreviaturas

CONAI: Comisión Nacional de Intermediación.
COCOPA: Comisión de Concordia y Pacificación.
CNDH: Comisión Nacional de Derechos Humanos.
ELN: Ejército de Liberación Nacional (Colombia).
EZLN: Ejército Zapatista de Liberación Nacional.
FARC: Fuerzas Armadas Revolucionarias de Colombia.
FMLN: Frente Farabundo Martí para la Liberación Nacional (El Salvador).
FSLN: Frente Sandinista de Liberación Nacional (Nicaragua).
FZLN: Frente Zapatista de Liberación Nacional.
FOBAPROA: Fondo Bancario de Protección al Ahorro.
IFE: Instituto Federal Electoral.
INI: Instituto Nacional Indigenista.
ITAM: Instituto Tecnológico Autónomo de México.
M-19: Movimiento 19 de Abril (Colombia).
OEA: Organización de Estados Americanos.
OIT: Organización Internacional del Trabajo.
ONG: Organizaciones no Gubernamentales.
ONU: Organización de las Naciones Unidas.
PAN: Partido Acción Nacional.
PGR: Procuraduría General de la República.
PRD: Partido de la Revolución Democrática.
PRI: Partido Revolucionario Institucional.
PVEM: Partido Verde Ecologista de México.

RAP: Regiones Autónomas Pluriétnicas.

TLC: Tratado de Libre Comercio.

TLCAN: Tratado de Libre Comercio de América del Norte.

UNAM: Universidad Nacional Autónoma de México.

UNESCO: Organización de las Naciones Unidas para la Ciencia y la Cultura.

URNG: Unidad Revolucionaria Nacional Guatemalteca.

Woodrow Wilson International Center for Scholars

EL CENTRO se erige como un "memorial vivo" dedicado al vigésimo octavo presidente de los Estados Unidos, Woodrow Wilson. Fue establecido por el Congreso estadounidense en 1968, como un instituto internacional de estudios avanzados, simbolizando y fortaleciendo la fructífera relación entre el mundo de la academia y el de la política pública. El Programa Latinoamericano se inauguró en 1977, y es uno de los siete programas regionales del Centro.

En todas sus actividades, el Centro opera como una organización no partidaria y sin fines de lucro, financiada anualmente a través de apropiaciones congresionales y de los aportes de fundaciones, corporaciones e individuos. Las conclusiones y opiniones expresadas en las publicaciones y demás actividades del Centro corresponden a los autores y conferencistas y no necesariamente reflejan las visiones del personal del Centro, de sus asociados, directivos, o cualquier organización que lo patrocine.

El Programa Latinoamericano se constituye para servir como puente entre los Estados Unidos y Latinoamérica, promoviendo el intercambio libre de información y diálogo entre las dos regiones. El programa también ofrece un foro no partidario para la discusión de los temas prioritarios de América Latina y el Caribe en Washington, D.C., que involucra a los formadores de opinión y líderes en el proceso de toma de decisiones en todo el hemisferio occidental.

Índice

La cuestión indígena y los procesos
de paz en Centroamérica y México

El papel de la sociedad civil

Experiencias de procesos de paz y el caso de México

México: el desafío de Chiapas a fin de siglo

Chiapas
los desafíos de la paz

se terminó de imprimir en la ciudad de México
durante el mes de febrero del año 2000.
La edición, en papel bond blanco de 75 gramos,
consta de 2,000 ejemplares más sobrantes para
reposición y estuvo al cuidado de la oficina
litotipográfica de la casa editora.

ISBN 968-842-989-9
MAP: 012075-01